邱鳴皋 編著

舒岳祥年譜

上海古籍出版社

圖書在版編目(CIP)數據

舒岳祥年譜 / 邱鳴皋編著. —上海：上海古籍出版社，2012.10

ISBN 978-7-5325-6514-6

Ⅰ.①舒… Ⅱ.①邱… Ⅲ.①舒岳祥(1219～1298)—年譜 Ⅳ.①K825.6

中國版本圖書館 CIP 數據核字(2012)第 120523 號

舒岳祥年譜

邱鳴皋 編著

上海世紀出版股份有限公司
上　海　古　籍　出　版　社　出版

(上海瑞金二路 272 號 郵政編碼 200020)

(1) 網址：www.guji.com.cn

(2) E-mail：gujil@guji.com.cn

(3) 易文網網址：www.ewen.cc

上海世紀出版股份有限公司發行中心發行經銷

南京展望文化發展有限公司排版

江蘇啓東人民印刷有限公司印刷

開本 850×1168 1/32 印張 7 插頁 5 字數 140,000

2012 年 10 月第 1 版 2012 年 10 月第 1 次印刷

印數：1—1,300

ISBN 978-7-5325-6514-6

I·2592 定價：26.00 元

目録

「誰於千載後，見我苦吟時」（代前言）

舒岳祥（1219—1298）字景嶭〔一〕，一字舜侯，又字東野，宋台州寧海（今屬浙江）人。居於閬風里，學者因稱閬風先生。南宋理宗寶祐四年（1256）進士，初授奉化尉，繼攝定海令，歷任幕職，官終承直郎。入元隱而不出，曾爲赤城書堂長，教授鄉里以終。

舒岳祥一生經歷了宋元兩個時期，歷時凡八十年，在宋六十年，在元二十年。在宋經歷了宋寧宗朝的後期六年（1219—1224），宋理宗一朝四十年（1225—1264），宋度宗一朝十年（1265—1274），宋恭宗一朝，僅一年多（1275—1276），丙子（德祐二年，1276）國難之後的宋末「行朝」，宋端宗昰與帝昺（1276年5月—1279），「皇恩」已經遠離了岳祥，而岳祥已處於元朝的統治之下。岳祥在元，經歷了元世祖忽必烈、元成宗鐵穆耳兩朝。在宋的六十年，正是南宋內外交困、逐至滅亡的時期：內則政治腐敗，昏聵無能，奸臣當道；外則金與蒙元不斷進犯，王朝受着嚴重威脅，最後在元朝的强大軍事進攻下滅亡。舒岳祥處在這樣的政治大背景下，雖然有着「進士」的頭銜，却一直仕途失意，主要是在各地任幕職。岳祥在其詩《失題》中借寫雲的聚散爲自己作了總結：「我亦嘗出岫，不雨竟空歸。」（本文所引詩文，均見《嘉業堂叢書》本《閬風集》或欒貴明《四庫輯本別集拾遺》，行文中不一一注出，只出詩文題目。）在元二十年，則歷經戰亂驚恐，身受元朝民族高壓政策迫害，而岳祥則始終堅守着宋遺民的立場，一直在困頓艱苦的生活漩渦中掙扎着。岳祥曾借梅子比喻他的一生：「春事已隨花事殘，東風急處省憑欄。枝頭青子生來苦，守得黄時也自酸。」（《三月十七日食梅子有感》）詠梅子，其實是詠自己，首二句寫亡國已不可挽救，末二句寫自己一生不遇。

舒岳祥在南宋遺民中，是屈指可數的大詩人之一，現存詩八百五十八首，文三十六篇，以詩著稱，在當時影響頗大，「浙河以東學詩者朝暮至」（戴表元《剡源集》卷九《國南仲詩後序》）。舒詩的内容相當豐富，主要表現爲：抒寫遺民情懷；爲宋元鼎革之際的離亂現實傳神寫照；心繫民生；叙述自己的不幸遭遇以及個人愛好、交遊活動等等。

抒發遺民情懷，是舒詩的大宗。這部分詩歌都寫在國亡家破之後，因此，詩的基調在悲憤乃至悲壯中又夾雜着憂傷苦痛之感。作爲遺民的思想感情是極爲複雜的，首先是秉持堅定的遺民意志。岳祥曾借菊言志：「此物秉堅正，未怕風霜欺。寧同此身槁，不與清香離。香性自流傳，更過梅花枝。」（《十月初五日重賦菊》）又與其同伴遺民共誓保此名節：「相期何止詩篇事，大節無虧誓飲冰。」（《周梅所携正仲再和借書韵見示，次韵報之》）「人生難自料，身後要名垂。」（《寄子堂》）「凍餓一生祗百歲，聲名須在後來傳。」（《次正仲别後見寄韵》）他不斷地回憶着在宋朝的舊事，尤其是在集英殿對策中進士之事：「曾對集英瞻衮冕，孤臣灑淚立東風。」（《牡丹》）「集英曾對三千字，也勝南山孟浩然。」(《丹林有作》)他也懷念着「埋没沙場隨塞草」的君主和「杳杳宮車去不回」的無辜宮人(詳《綠萼香梅十樹咸淳間自内園買歸，亂後尚存，對之感嘆》)，至於宋承平時期的景象，亦時現腦海。凡此，皆使他頻生今昔之感，衹有默默流淚而已：「因思少年事，默默自沾巾。」(《十二月十三日曬藥有感》)「菜園羅帛燈千眼，説著承平暗斷魂。」(自注：「平江燈最盛，而菜園羅帛尤壯觀。」)(《元夕龜藏夜坐》)「兩都風景今何如？淚隨叢邊和露滴。」(《九日敏求與侄璋九萬載酒蓀墅……》)「我生初見錢塘春，歌舞西湖早已聾。如今不見湖山面，鳥歌似哭花爲塵。」(《近作對江牡丹吟……》)最後只有「江山有恨非吾土」(《無題》之一)，「人物風流隨逝水，故都文憲没蒼苔」(《寒食書懷》)的遺恨而已。南宋的滅亡，在岳祥心理上留下的陰影是慘重而又揮之不去的，這在他的詩中表現得淋漓盡致。南宋之亡，像是把岳祥的一腔熱血掃空了，他悲痛而迷惘：「故國山河成斷絶，孤臣江海自飄零。」(《新曆未頒，遺民感愴二首……》之二)其《雪村聞鵑》又云：「故國亡來身已非，千年猶訴不如歸。參天古木魂迷路，誰與黎侯賦式微。」他甚至想逃到海上華胥國去以避濁世。他在詩中寫道：「自遭兵禍後，已覺世緣空。安得飄然去，茅廬海上峰。」(《次韻答陳用之……》)「胸襟大悶書不讀，口吻微吟人未知。安得一蓑江海去，持螯作鱠卧鴟夷。」(《六月十一日山窗散愁》)他有一首詩題目就是《十一日夜月色淒淡，數酌竟醉，華胥國似可避世也》。他即使寫太平景象，也總是蒙上一層故國之悲，如其詩《山行》云：「今日新晴好，東風散麥鬚。山泉中琴瑟，巖鳥合笙竽。總是太平曲，何勞擊壤圖。誰知花濺淚，杜老獨嗟吁。」作爲宋遺民，身處元朝民族高壓政策下，尤其是在江浙，所受統治更加嚴酷，有此悲涼憂傷情緒，是較爲普遍的，也是比較正常的。不過，在岳祥的思想深處，也有矛盾存在。他一方面對宋降元官員大加痛責，如《解梅嘲》所云：「更有横金拖紫客，臨危不死穩藏身」，《伯夷》所云：「四海歸周莫不臣，首陽山下餓夫身。清風萬古何曾死，愧死當時食粟人。」以歷史寫現實，諷刺在宋危亡之際背宋降元諸臣。但另一方面，對其友人降元者，仍然視爲朋友而予以關懷，如謝堂、謝昌元等。在宋時，謝昌元曾以筇竹杖贈岳祥，謝堂則以銀酒杯相贈，并爲岳祥的升遷操心。滴水之恩，岳祥牢記不忘。《閬風集》中懷念二謝的詩，寫得頗動真情，如《哭謝尚書》中有「薊北非吾土，鄞江有舊廬。死生今已矣，出處竟何如」諸句，是爲悼謝昌元而作。當然，謝昌元在元朝也曾做過（或想做）好事，如謝枋得於至元二十六年（1289）絶食卒於大都，無以爲葬，謝昌元捐資助其歸葬（見《昭忠録》），又曾參與謀救文天祥出獄（因留夢炎阻遏而未成，見《宋史・文天祥傳》）。謝堂在丙子國難時，爲宋祈請使北赴元都，被扣留，國亡而降元。對於江南「遺賢」被元朝徵召而擬命官職者，舒岳祥亦取寬容乃至支持的態度，如對袁桷之父袁洪，其詩《寄袁季源》有「公車行有召，毋久戀松蘿」句；他也支持陳用之北赴燕趙，其詩《送陳用之遠遊》有云：「君如生馬駒，騰踏不可羈。王良施轡勒，欲獻白玉墀。胸中二三策，和扁爲國醫。南士方用世，針砭貴適宜。腰間黄金印，季子何必歸。」蓋南方士子北赴求仕，在當時已不是個别現象。連文鳳《送人入北求仕》云：

「南方有奇士，湖海聲獵獵。功名志氣鋭，不憚遠跋涉。春風一片紙，區區無所挾。持此欲取償，易於拾秋葉。何以贈君言，勉哉耘其業。」(《百正集》上)在岳祥來説，此類事情可能發生在他的晚年。「復國」的希望已經徹底破滅，元朝的統治差不多磨鈍了岳祥的棱角。這種變化，從其現存的散文中亦可洞悉。岳祥入元後所作散文，現存三十三篇，其中不用元朝年號只「書甲子」者十七篇，寫作時間主要集中在至元十五至十七年(1278—1280)，二十二年(1285)以後的僅四篇；不用元年號亦不書甲子者八篇；行文中偶爾涉及元年號者三篇(每篇僅一次)；落款用元年號者五篇，均在至元二十八年(1291)之後。(其中二十八年一篇，二十九年二篇，三十一年一篇，大德改元一篇。)而作於南宋者三篇，皆書年號，即使采用干支紀年，亦書年號。岳祥曾有詩《解梅嘲》云：「我是先朝前進士，賤無職守不得死。難學夷齊餓首陽，聊學陶潛書甲子。」他在元朝生活的最後幾年，沒有堅守住他於南宋新亡後立下的誓言，用了元朝的年號，但他宋遺民的政治立場沒有改變。或謂保初節易，保晚節難。當宋末賈似道專權，岳祥不爲所用，不與同流合污，其「初節」可謂冰清玉潔；當宋元易鼎，江山換主，宋之官員，紛紛棄舊謀新，背主求榮，倒向元朝(王應麟稱之爲「賣降者」)，而岳祥隱濳以終，始終身穿漢族傳統的「深衣」，不從元朝的服制〔二〕，至死也要「深衣斂形」(《聞鄞兵入仙居二首》之二)，不以窮困潦倒變其節，故王應麟稱其「大節特立」，其「晚節」亦無可非議，這在其詩中有充分體現，此文已略述梗概如上。

爲宋元易鼎之際的亂離生活傳神寫照，是舒岳祥詩歌的又一主題。元滅南宋是中國古代歷史上最殘酷的戰争之一。元軍所攻之城，遇有敢抵抗者，城破之後，即予「屠城」，盡殺城中百姓，被屠之城無數。或云元軍統帥伯顏像宋曹彬那樣，滅江南不妄殺人。清趙翼《陔餘叢考》卷二十有《曹彬伯顏不妄殺人之非》予以駁斥，其中謂「伯顏之攻常州也，役城外居民運土填塹，土至并人築之；又殺民煎膏取油作炮，號『人油炮』，焚城上杈排。及城破，又盡屠之，惟七人伏橋坎得免。事見《續通鑒綱目》及府志。」這衹是舉屠常州一例。其實，元滅南宋，燒殺搶掠，無所不爲。這從當時親歷者舒岳祥詩文中可以得到證實。《停雲詩》序有云：「四海衣冠遭時艱虞，至於暴骨原草者多矣。予與正仲偷生巖谷……斯又不幸之幸歟！」詩中有「天地崩裂，干戈間阻」「俯仰换世，昨夢蟻柯。故交零落，屈指無多」諸句。這還衹是概括描述。岳祥之所親歷，僅携家逃難而言，從宋德祐二年丙子（元至元十三年，1276）春夏間起，先後避兵逃至鴈蒼山、天台馬奥、兩至新昌縣之雪谿，又逃至天台山下之陳村，避地李山。是年十月，元軍入寧海，旋入尚義里，屯兵岳祥宅。十月初三，岳祥携家風雪中度平坑嶺入馬耳峰；十三日夜，又自中心嶴徙獨山。次年，又逃至省坑存思庵（爲避兵亂，凡四至存思庵），出入童公、黄甘二嶺，等等。避兵逃難所親歷之苦，詩中多有言及，如《十月五日風》是寫至元十三年十月避兵陳村的情況：「……暮下陳村莊，夜投象原店。道邊人未眠，山曲燈微閃。時經兵火餘，驚問暗窺覘。……回思萬馬驚，心掉舌爲噡。恐恐如有追，昧爽踏霜霰。横山過西田，惡風吹欲阽。蕭蕭三兩家，逋流已先占。憐我是官人，枯薪許分㮇。時艱無沽户，粗糲得充歉。我行僕忙追，趙坑石排劍。荒蹊陟崇岡，奔湍嚙深塹。……」元兵屠仙居，岳祥有詩《去年大兵入台，仙居幸免，今冬屠掠無噍類，衣冠婦女相隨俱北，聞而傷之，作俘婦詞》真實地記録了那悲慘的一幕：「初謂無兵禍，那知酷至斯！相看不敢哭，有死未知期。兒向草間没，夫隨劍口離。琵琶猶帶怨，況是作俘累。」又有《過字韵詩……偶報北兵自甌閩回，驅男女牛羊萬計，入蛟湖深畯，出獨山，屯尚義，由童公嶺以北三日夜不休，聞之驚心。……》，詩題猶序，把「北兵」擄掠人口的暴行揭露無餘，岳祥在詩中沉痛地説：「川逝痛嶺遷，春深悲國破！」岳祥記載當時兵禍帶給人民苦難的詩篇還很多，如《丙子兵禍自有宇宙寧海所未見也……》、《曉霜成花，日色淒淡，炙背南檐，記所聞見》、《記事》、《二十三日過良坑岡，東望滄海，隱隱見漁村有感，時避地者多浮海云》、《聞鄞兵入仙居二首》、《新曆未頒，遺民感愴二首。……》、《歸故園二首》、《夢歸》、《亂後復過西溪》，等等。皆給當時的歷史留下了深刻的烙印，岳祥是在以詩存史，用詩的形式記録了歷史，詩爲「詩史」，真實地反映了那個時代人民的不幸，其中尤不幸者是婦女，這在岳祥詩中已有充分反映。不獨岳祥，時人記載此事者大有人在，如戴表元《行婦怨次李編校韵》（自注：丙子台州作。）：「赤城巖邑今窮邊，路旁死者相枕眠。惟餘婦女收不殺，馬上娉婷多少年。蓬頭污面誰氏子，放聲獨哭哀聞天。傳聞門閥甚輝赫，誰家避匿山南巔。蒼黄失身遭惡辱，烏畜羊縻驅入燕。……」此類掠奪，不獨台州，全國各地皆有之。時在元軍中的王宥《歸婦吟》詩序云：「天馬浮江，兵强將鋭，所征無敵，所掠無遺，俘戮之民，奚啻億萬。……夫劉氏者，吉之永豐人也。……」劉氏女被掠軍中，爲王宥救出放歸。見蔣子正《山房隨筆》。這個王宥是個有良心的軍人，身在元軍而未爲禽獸。元郝經詩《巴陵女子行并序》，記載「王師渡江」時「大帥拔都及萬户解成等」，攻克岳州，「俘其遺民以歸」。其中有巴陵女子韓希孟，「誓不辱於兵」，留衣帶詩赴江死。又有《武昌詞三首并序》，言元軍攻宋時掠得三婦女，一爲金牛鎮婦人，一爲自稱梅溪主人張素英，一爲漢陽教授之妻，皆「義不受辱」而死。郝經亦在元軍中，此皆其親眼所見。《南村輟耕録》卷三有《貞烈》條，記載至元十三年丙子元滅宋時掠奪婦女致死諸事，其中有「台之臨海民婦王氏，美姿容，被掠至師中」，跳崖而死。如此云云，不勝枚舉。其實，蒙元對宋的戰争，從一開始就是以搶掠（人民、財産，乃至國家）爲目的，充滿了血腥味。僅以台明來說，在至元十三、十四兩年間，一度使這個富庶之區變得「百里無鷄豚」乃至「千里無人煙」，這是舒岳祥的詩句，可能有所誇張，但人民生活和生産力遭到極大破壞，是個不争的歷史事實。舒岳祥對此痛心疾首，在《罪言》中說：「……過殷墟兮麥漸漸，覽周原兮黍離離。……白骨兮成磎，膏肉兮成泥。……東溟之濵，相奪相攘。殺人填海，浩浩不盈。輪迴報復，此死彼生。天假手於王師，使盡殪於秦坑。痛臨淵而一吊，悲萬古之茫茫！」

心繫民生，是舒詩的另一主題。舒岳祥很了解農民對生活的期望。《田公姥詞》是寫農民祈求

「田公姥」賜福保佑的詩，有云：「田公姥，聽儂歌，看儂舞。使我倉有秔，使我庾有稌，使我囷有黍；使我富牛羊，千斯牸兮百斯牯。田公姥，儂肴芬芬兮儂酒湑湑，官稅既輸兮公役不煩。男不爲人驅，女不爲傖婦，讀書識字應門户。」這裏寫出了農民的美好願望，也是岳祥對農民心理的一種理解。其《戲集鳥名而賦之》〔三〕則集麥收時節諸鳥之鳴與農民生活相聯繫，表現了岳祥對農家生活十分熟悉。如「麥熟即快活，汝不食麥空饒舌。前時斗粟銀百星，（自注：錢楮不用，民間一色用銀，薄如紙而碎如星。）老農無銀色菜青。此鳥年年啄草子，今年草根救人死。鳥無所食饑奈何？見人食麥喜且歌。催人鍛磨尤殷勤，（自注：其音若云黄鍛銀磨。）前身恐是老農身。」這裏寫的是布谷鳥鳴，聲若「黄鍛銀磨」。麥收前農家有「鍛磨」的習俗，這裏則與老農生活相聯繫，寫出了荒年粟貴民貧，食草根救死，而至麥熟，又催鍛磨，以求豐收。再如寫「脱布袴」、「脱破袍」兩種鳥鳴時的農民生活：「脱布袴，村村雨滿田無路。平生不慣着新衣，兩腿泥深逐牛步。脱破袍，與郎裁衫兩髀高。田頭赫日曬額焦，脱衣掛樹踏桔槔。」詩中又寫了竹鷄之鳴、婆餅焦、畫眉、姑惡、大婦偷、煮莧汁、鶻突流、爺飯飯等鳥鳴，均與相應的農家生活相聯繫，自然貼切，這裏不再舉例。《春雪》〔四〕則表現了岳祥對農民疾苦的同情。詩先寫臘雪「四白」（下了四場雪），繼寫初春又「五白六白」，使「農夫愁」：「麥苗凍熟鋤不得，菜心僵死何時抽！」農民衹得離家出逃，乃至轉死溝壑，空屋裏衹有「狐狸夜相聚」。詩人最後說：「嗚呼！狐狸有屋爾得居，室中居人今在無？或言白骨如白雪，雪亦有仁遮白骨！」詩人對這種現實，顯然已是痛心疾首了。更爲重要的是，舒岳祥正面地、真實地寫出了農民所經受的誅求之苦。《促織嘆》云：「今夏蠶薄收，巧手閑刀尺。昨下急急符，三日立税籍。篋中無餘絲，紅女淚雙滴。汝更催不休，使我不得息。」《十婦詞》〔五〕表現的是農村從事各類勞作（詩中共寫了十種不同勞動）的婦女的生活圖景，深度地體現了岳祥對農村婦女苦難的同情。其九寫的是織布婦女的遭遇：「婦啼如此苦，吏奪一何豪。尺布不得著，長年空自勞。剥衣聊贖命，覆體不生毛。念欲全家去，乾坤何處逃！」《十村絶句》寫的是「苛政猛於虎」：「朝朝腰斧采荆榛，博米求鹽到海村。白虎當溪儂不畏，祇愁暴吏打人門。」按元取於江南者，税糧有秋税、夏税，秋税輸糧米，夏税輸木棉、布絹、絲綿等實物和銀鈔。據《元史・食貨志》記載，「江浙省歲入糧數：四百四十九萬四千七百八十三石」，居全國各行省之首（全國歲入糧總數爲一千二百十一萬四千七百八石）；夏税鈔數，江浙行省五萬七千八百三十錠四十貫，亦居全國之首（全國總數爲一十四萬九千二百七十三錠三十三貫）。——這裏祇是提供一個參考數字，以見元對江南盤剥之嚴重程度。除税糧之外，又有科差，「科差之名有二：曰絲料，曰包銀。其法各驗其户之上下而科焉。」（《元史・食貨志》）這樣，地方官員的權限（特别是隨意性）就更大了。元朝廷曾多次因水旱災荒下詔減免有關地方的租税，直到元成宗即位後才發現減租祇能有利於富室。《元史》卷十八載：「江浙行省臣言：陛下即位之初，詔蠲今歲田租十分之三。然江南與江北異，貧者佃富人之田，歲輸其租。今所蠲特及田主，其佃民輸租如故。則是恩及富室，而不被於貧民也。」《元史》卷十七亦載：「納速剌滅里、忻都、王巨濟，黨比桑哥，恣爲不法，楮幣、銓選、鹽課、酒稅，無不更張變亂之，銜命江南理算者，皆嚴急輸期，民至嫁妻賣女，禍及親鄰。」同書卷十九又載：「江南宋時行兩稅法，自阿里海牙改爲門攤，增課錢至五十萬錠。」無疑更加重了對江南人民的盤剥。凡此，在岳祥詩中皆有所反映：《十二月初一醉歌》：「牧猪釀秫待誅求，賣田買鈔博性命。」《雪後喜晴和正仲近詩》：「火急輸官米，寒春連夜頻。」《樂神曲》：「巫公巫公告爾神，産穀不如多産銀。驢載馬馱車碌碌，免斫栢條行箠撲。」岳祥呼吁元統治者要「惜民力」，但「天地一病軀」，「元氣朘削餘」，「坐令豺虎横，咬嚼爲膏腴。頑疾久不治，臟腑生蟲蛆」。對此，他大膽地放言表示：「願借大雷斧，礫此害物徒。八荒既清廓，萬古無憂虞！」（《放言》）對元代的高壓統治敢於如此「放言」，是難能可貴的，所表現的政治意識，更是難能可貴的。

以上，都是具有重大歷史意義的題材，舒岳祥能够準確而充實地寫入他的詩篇，從而使其詩具有了詩史的性質。承載這類題材的詩篇，主要是其古體詩。古體詩可以盡情揮灑，鋪陳事實，渲泄感情，「長歌之哀，過於痛哭」（明李東陽《麓堂詩話》）。

岳祥詩的再一主題是反映岳祥個人在這特定時代的不幸遭遇：生活的困頓潦倒，身無定址的奔波，由於種種壓抑而鬱結的內心痛苦，他的個人興趣如愛花、讀書、交遊等等。對此，有的在上文已部分地涉及，或將在其他篇章中述及，不再於此一一叙述。而這裏需要交待的，是舒岳祥的詩歌理論。

舒岳祥不是詩論家，但在他一生的詩歌創作實踐中，却有一種「理論」在支持和引導著他，這就是「杜詩精神」。杜甫經天寶之亂，身在喪亂之中，時事概見於詩。史稱其善陳時事，律切精深，至千古不衰，世號詩史。這給後世詩人立下楷模，形成杜詩精神。有著相似經歷的詩人，往往會繼承杜詩精神走向杜甫詩史之路。

宋季崇道學，卑藝文，而詩衰，是個不争的事實，葉適、周密、戴表元、袁桷對此皆有精辟論述。宋元易鼎，科舉既廢，知識分子乃轉而爲詩，詩於是乎興。故錢謙益云：「宋之亡也，其詩稱盛。」（《牧齋有學集》卷十八《胡致果詩序》）舒岳祥對此亦有精準分析：「自京國傾覆，筆墨道絶，舉子無所用其巧，往往於極海之涯，窮山之巔，用其素所「習」對偶聲韻者，變爲詩歌，聊以寫悲辛、叙危苦耳，非其志也。……方科舉盛行之時，士之資質秀敏者，皆自力於時文，幸取一第，則爲身榮，爲時用，自負遠甚。惟窘於筆下無以争萬人之長者，乃自附於詩人之列，舉子蓋鄙之也。今科舉既廢，而前日所自負者，反求工於其所鄙，斯又可嘆也已。」（《跋王榘孫詩》）一個很值得注意的現象是：宋亡後，作爲宋遺民的廣大知識分子，不僅轉而爲詩，而且其詩大多走入杜甫一路。最傑出的是文天祥。文天祥早期詩歌頗受江湖派影響。德祐二年（1276）他起兵勤王之後，國家處於風雨飄搖之中，其詩風大變，形成了雄渾豪邁的風格，表現了熾熱的愛國熱誠和堅貞的民族氣節，徹底地走上了杜詩之路。其《集杜詩自序》云：「昔人評杜詩爲詩史，蓋以其詠歌之辭寓記載之實，而抑揚褒貶之意燦然於其中，雖謂之史，可也。予所集杜詩，自余顛沛以來，世變人事，概見於此矣，是非有意於爲詩者也。後之良史，尚庶幾有考焉。」其詩，自然是典型的詩史。他如謝枋得、謝翺、林景熙、鄭思肖乃至汪元量、真山民、許月卿、何夢桂等，處身於國亡家破之境，其詩作皆繼承了杜甫「詩史」精神，成爲晚宋詩壇上最奪目的亮點。汪元量《草地寒甚，氈帳中讀杜詩》云：「少年讀杜詩，頗厭其枯槁。斯時熟讀之，始知句句好。……」汪元量之友李珏《書汪水雲詩後》云：「水雲之詩，亦宋亡之詩史也。」寫宋亡之「史」，寫遺民對於國亡家破的傷心事，黍離麥秀，抱痛至深，皆詩史也。岳祥有詩句云：「平生欲學杜，漂泊始成真。」（《九月朔晨起憶故園晚易》）「故園」被兵，「晚易」（岳祥書齋名）圖書成灰，三世之積，一旦化爲烏有，晚年漂泊，如此現實入詩，這是學杜成真的前提。這樣的現實生活，直把岳祥推向了杜甫詩史之路。岳祥與劉莊孫等遺民詩人作詩，本也有以詩存史、記事記人之心，具有「詩史」意識，岳祥《次韻正仲秋晚感興》序云：「每得正仲秋篇，必先鋪叙所見聞，不必左史倚相之讀墳典也。蓋古事已有傳之者，而新聞就泯，吾懼無述焉。倘因此而增長之，則咸淳、德祐故老所傳，猶可一二不没也。」這是明確地提出以詩記人記事（記咸淳、德祐之人之事）。在岳祥現存詩歌中，此類詩可謂不乏其例。如寫咸淳丞相葉夢鼎者，有《桂臺》、《登小山谷》、《少師丞相國公西澗先生挽歌二首》；寫寧海老詩人方岳者，有《哭菊田詩老》；寫寧海老詩人劉倓（字允叔，號閬風居士，嘉定元年特科，終黄陂主簿）者，有《過劉允叔故居》；《哭陳伯求》則可補《宋史·陳蒙傳》之所未備：「早總淮西餉，晚爲刑部郎。艱危身九隕，漂泊淚千行。天地孤忠在，山河遺恨長。寡妻隨季女，猶得在鄞鄉。」至於寫與其交遊唱和的遺民詩人的作品，在《閬風集》中可謂比比皆是，所涉及之人有八十餘位（詳見本譜之附録二）。岳祥不僅自己作詩學杜，而且還教友人學杜，而不要糾結於所謂「派」、「家」，他把杜詩精神看得遠高於「派」、「家」之上。其詩《題潘少白詩》即有「燕騎紛紛塵暗天，少陵詩史在眼前。……君能於此更著力，唐體派家俱可捐」句。岳祥要求寫詩要取材於現實生活，抒寫自己對眼下現實的真實感受，而不是追摹前人的什麽「派」，什麽「家」，衹有如此，詩才能有所成就。元代楊維楨《梧溪集序》（王逢《梧溪集》卷首）曾這樣解讀杜詩的「詩史」問題：「世稱老杜爲詩史，以其所著備見時事。予謂老杜非直記史事也，有《春秋》之法焉。其旨直而婉，其詞隱而見。如東靈湫、陳陶、花門、杜鵑、東狩、石壕、花卿、前後出塞等作是也。故知杜詩者，《春秋》之詩也，豈徒史也哉？雖然，老杜豈有志於《春秋》者？《詩》亡然後《春秋》作，聖人值其時有不容已者，杜亦然。」舒岳祥之學杜甫「詩史」精神，亦是值其時有不容已者。而舒岳祥在杜詩精神的旗幟下，以其豐富的創作實踐，扭轉了宋季詩壇衰頽局面，也爲元初詩壇開闢了健康發展的新天地，從而奠定了他在中國文學史上的地位。

舒岳祥詩歌的藝術，在我國古典詩歌藝術領域裏，也是上乘的。他兼擅古、律，古體尤見長，題材廣泛，結體宏大，動輒十數韵乃至數十韵，而聲韵鏗鏘，沉鬱頓挫。律詩則音韵精嚴，妙於造句。岳祥作詩，主張意在句先，直寫胸臆，而不要爲「俗」所蔽。其詩《贈楊佳孫》云：「作詩意得在句先，下筆直寫意所到。世間惟俗最難醫，剖石得玉加精巧。」岳祥之所謂「俗」，蓋指宋季以來所汲汲追求的「派」「家」之類，而祇有立「意」破「俗」，作詩才能「一點圓明通萬竅」。「通萬竅」的「一點圓明」，正是作詩必須先立之「意」。由於岳祥作詩以意爲主，故其詩内容充實，貼近社會現實，平白如話，老嫗能解，没有裝腔作勢、故作深奥之弊。以上所舉詩例，如《田公姥詞》等等，都可以看到這一顯著特點。但岳祥之詩，并非不加錘煉的隨意之作，相反，他往往稱他作詩爲「苦吟」，「偶然新得句，長是不眠時。」(《貽山甫》)雖有意在先，而繼之「得句」，則是要拋却心力的，雖鬼斧神工，而不露於斫。爲此，岳祥往往對生活觀察至細，體驗至深。他在《十婦詞》中寫種麥婦女對小麥下種之後的擔心：「窠淺愁鵶竊，株成畏馬殘。」此句非深精種植者所不能得；又寫婦女舂米時的情景：「鷄窺篩下米，犬舐簸前糠。」亦非當行者所不能道。又如「近燈人影大，斜月樹身長。」(《春分偶飲成醉，兀兀坐睡，覺而殘月在窗矣》)更見其熟悉生活、注意觀察。在岳祥的律詩中，有許多難得的寫景對仗句，如「紅樹橋邊獨，青禽石上雙。」(《小窗一首寄帥初》)「水邊黄葉路，雨外夕陽山。」(《種麥後栽補桑柘至田家憩息》)「窗間取月離離白，樹下窺天碎碎青。」(《新曆未頒遺民感愴二首……》之一)「老去聲名惜鷄肋，世間富貴爛羊頭。青山白鷺水天遠，緑葉黄鸝風日柔。」(《寄帥初》)凡此，都體現了詩人對景物的細緻觀察和親身體驗，并善於景物色彩搭配。寫人事的對仗句也不少，如「花前雙鬢白，雪後一燈紅。」(《山齋夜坐》)「甲兵縱横滿天地，衣冠顛倒走風塵。」(《新曆未頒遺民感愴二首……》之二)等等。岳祥生性愛花，他自己説是「生愛梅花是性情」(《九月初十日山房午睡見梅枝已吐白矣，驚喜而作》)，故其詠花詩頗多，但又不是單純詠花，而是往往有其寄托，他有詩題曰《前詠諸花皆托物以賦者爾……》作了説明。寫花往往借花抒懷，言情詠志，特别是抒發故國之思。《解梅嘲》寫立春日梅花初囅，「向人帶笑復含嗔，嗔我今爲異代民。我語梅花勿嗔笑，四海已非唐日照。爾花也是異姓花，憔悴荒園守空嶠。閬風自是可憐人，六十年來逢立春。安危治亂幾番見，到此三年哭斷魂。……」這類借花抒情言志之作在《閬風集》中頗多見，成爲岳祥詠花詩的一個特點，衹是其抒情言志或顯或隱而已。

岳祥至於老年，詩作已是爐火純青，自謂「向老工詩句」(《與正仲同遊故園》)，造語洗練，風格峻爽，不假雕飾，而自然晶彩焕發。他總結爲《詩訣》一首，有云：「欲自柳州參靖節，將邀東野適盧仝。平原駿馬開黄霧，下水輕舟遇快風。」如《四庫全書總目》所説：「其宗旨所在，可以想見矣。」

舒岳祥的散文在宋元之際也是屈指可數的大家之一，現存作品三十六篇。程千帆、吴新雷二位先生在所著《兩宋文學史》(第十章)中，認爲宋季陳耆卿、吴子良、舒岳祥、戴表元繼承了浙東學派陳亮、葉適的文學傳統，一反道學派散文之弊，「論辯記序之文都富於務實精神」，而舒岳祥是浙東學派的「後繼者」吴子良的「傳人」，又是戴表元的業師，在浙東學派文學發展上有承上啓下的重要作用。「在一片衰敗卑弱的亡國之音中」，舒岳祥等「補偏救敝，力挽狂瀾，才使得散文又走上了比較平正通達的道路」，其「昂揚熾熱的愛國主義精神，才是文風轉振的思想基礎和根本原因。」同書又説：「舒岳祥《閬風集》中，「如《劉正仲和陶集序》、《王任詩序》、《月中桂記》、《養志堂記》和《愛閑堂記》等，均有可觀。王應麟《閬風集序》肯定其文有本，并指出：『何謂本？大節之特立也。』又贊其風格『如泉出山，達乎大川而放諸海』。他的受業弟子戴表元能發揚這些優點，在宋末元初的文壇上名重一時。」這裏雖然衹説了舒岳祥的散文，但却正確地指出了他在宋元之際轉振文學風氣，使之健康發展的積極作用，從而肯定了舒岳祥在中國文學發展史上的地位，是知岳祥者也。質言之，宋遺民文學對宋末、元初文學的復興起了決定性作用，尤其是元前期文學，没有宋遺民的文學創作，則其成就必大打折扣，而舒岳祥是其重要人物。此爲宋元文學研究者往往忽視的問題。

舒岳祥的著作，其門人劉莊孫《舒閬風先生行狀》著録爲：「凡作於丙子以前者，有《蓀墅稿》四十卷，《史述》十八卷，《漢砭》四卷，《補史》一卷，《家録》三卷；若《避地稿》、《篆畦稿》、《蝶軒稿》、《梧竹里稿》、《三史纂言》、《談叢》、《叢續》、《叢殘》、《叢傳》、《叢肄》、《昔游録》、《深衣圖説》，總二百二十卷，皆丙子以後所作也。」今人介紹舒岳祥著作者，往往總丙子前後所著而言之，謂爲「凡二百二十卷」，實誤。「總二百二十卷」是專指「丙子以後所作」。若總丙子前後而言之，則凡二百八十六卷。在這些作品裏，有詩文，也有學術著作，因而舒岳祥既是詩人，也是學者，祇是其學術著作都失傳了，留下的只有詩文集《閬風集》——由四庫館臣從《永樂大典》中輯出者，釐爲詩九卷，文三卷，凡十二卷，後人亦因此給岳祥定格爲詩人。《永樂大典》中的《閬風集》，應是元至大四年（1311）的「復刊本」，原版的《閬風集》早已「裁於兵」，見元胡長孺於至大四年三月爲「復刊本」所作的序，所收詩文已遠非岳祥作品的全部。

和其著作的遭遇一樣，舒岳祥本人，在其身後亦遭冷遇，漸不爲人所知，或知之甚少，特別是在其著作失傳之後。地方文獻記載也很簡略。生活於清代康乾之世的厲鶚編輯《宋詩紀事》時，「苟片言之足采，雖隻字以兼收」，費時二十餘載，而於舒岳祥，祇據《赤城詩集》收《古意》、《一春四十日天氣未佳，花事行復已矣，太息成吟》，據《台州府志》收《天門山》、《石臺紀遊》，據《宋藝圃集》收《楊白花》，凡五首；在作者小傳中，於岳祥著作，亦僅説有《篆畦稿》、《蝶軒稿》、《竹梧里稿》〔六〕、《蓀墅稿》，而未及《閬風集》，因其未能見到《永樂大典》而不知有《閬風集》也。岳祥不爲人知的原因在於：他是宋朝的遺民，活動範圍僅在台州、慶元等一個很小的天地裏，所交的朋友主要是宋遺民，這些人多是隱士，不與世俗相往還。明初方孝孺在《劉槆園先生文集序》（《遜志齋集》卷十二）中説：「先生（按指劉莊孫正仲，號槆園）所尊善者，惟同邑閬風景薛，南山陳先生壽。……閬風、南山先生皆自謂宋遺人，不屑仕，故文行雖高，而不大彰著於世，傳而知之者，惟邑人而已。今相去五六十年，故老淪喪，知先生之名者日已寡矣。」其實，對此劉莊孫在《舒閬風先生行狀》中已作了充分説明，指出對舒岳祥中年以後的其道其文「世未有知而評之者，固有待於後世之子雲」。又曰：「……有如公之不幸而發之山林草野，流離傾側寂寞無人之地，所與上下議論者不過俗儒寒畯、隱約耕釣之徒，毁譽止於禽魚，褒貶止於草木，豈不可嘆也夫！豈不可悲也夫！」對此，岳祥也很了然，故在詩中説：「誰于千載後，見我苦吟時？」（《秋晚隨意行澗上，值老農問勞去年避亂時事》）

本書是在《舒岳祥年譜初稿》的基礎上增補而成的。《初稿》編成於1990年冬，發表在《徐州師範學院學報》（哲社版）1992年第2至3期上。由於學報容量有限，發表時作了較大的壓縮。發表之後，我對舒岳祥的研究仍在緩慢進行中，迄今已近二十年。對岳祥的認識及其年譜資料的研究均有所進展，覺得有出版增補本以廣泛徵求專家、讀者意見的必要。但我仍不敢説我已經完全了解了岳祥，況且有些事情至今還没能弄清楚。如岳祥遭緑林之禍問題，爲羣小見厄問題，爲赤城書堂長的具體情況，「新脱船場提調」問題等等，都還不知就裏；即使編入年譜的材料，也很難確保準確無誤，錯誤失當之處一定不少。凡此，皆有待今後的繼續努力。年譜中引用的岳祥詩文，主要依據《嘉業堂叢書》本《閬風集》，并校以《四庫全書》本以及《全宋詩》、《全宋文》、《全元文》本。錢大昕《廿二史考異・序》云：「桑榆景迫，學殖無成，惟有實事求是，護惜古人之苦心，可與海内共白。自知槃燭之光，必多罅漏，所冀有道君子，理而董之。」讀此，心有所觸動，學術大師如錢大昕者，尚如此言，區區小我，尚何言哉，尚何言哉！ 惟願藉此以敬致於讀者而已矣。

邱鳴皋

二〇一一年七月二十四日

注釋

〔一〕景嶭，或作景薛，如《全宋詩》、《全宋文》、《全元文》等； 或作景嶭，如宋劉莊孫《舒閬風先生行狀》、明謝鐸《赤城新志》、《光緒寧海縣志》、劉承幹《嘉業堂叢書》本《閬風集·跋》等。 按，以「嶭」爲宜，嶭音niè，山勢高聳貌。《閬風集》卷一《將别棠谿遺仲素季厚昆仲》，有「家山杳何許？ 千丈高巀嶭」句，言故鄉山勢之高聳也。 岳祥，一作嶽祥，字景嶭，正與其名中「嶽（岳）」字義相稱。 本譜中因作景嶭。

〔二〕深衣爲漢民族傳統的燕暇閑居之服，與元「胡衣北笠」服制大不同。 宋亡後，研究深衣的著作漸多，其意是不忍傳統服飾之失傳。 舒岳祥撰有《深衣圖説》（佚），劉莊孫有《深衣考》（見袁桷《劉隱君墓誌銘》），宋金履祥《仁山集》卷三有《深衣小傳》和《外傳》，述深衣之歷史及製作較詳。 元陳櫟有《深衣説》，見《全元文》第十八册。 清黄宗羲《深衣考》一卷，有《四庫全書》本； 江永《深衣考誤》一卷，有《四庫全書》本； 任大椿《深衣釋例》三卷，有《皇清經解續編》本等。

〔三〕詩題全稱爲《退之謂以鳥鳴春，往往鳥以夏鳴耳，古人麥黄韵鸝庚之句乃真知時，山齋静聽嘲哳羣萃有麥熟之鳴，戲集鳥名而賦之》，見《閬風集》卷二。

〔四〕《春雪》，《嘉業堂叢書》本作《春色》；《四庫全書》本作《春雪》，與詩内容契合，從之。

〔五〕《十婦詞》詩題全稱爲《自歸耕篆畦，見村婦有摘茶、車水、賣魚、汲水、行饁、寄衣、舂米、種麥、泣布、賣菜者，作十婦詞》，見《閬風集》卷二。

〔六〕劉莊孫《舒閬風先生行狀》作《梧竹里稿》，《赤城新志》、《四庫全書總目》等同《行狀》。

編例

一、一人之年譜，即一人之編年史。章學誠曰：「編年之史，能徑而不能曲。凡人與事之有年可紀、有事相觸者，雖細如芥子必書；其無言可紀與無事相值者，雖巨如泰山，不得載也。」本譜以編輯譜主事蹟爲主體，凡可繫年之事蹟、詩文等，無論巨細，皆編年排列，力求做到有根有據。有其事而不詳其年代者，事雖巨，亦寧付闕如。

二、本譜采用以詩文證史、以史證詩文之法，探究譜主事蹟及其詩文寫作時間與思想內容。

三、當年有關史事，繫於本年之末。而史事之中，偏重於關注蒙元對宋用兵動向，目的在於顯示蒙元對宋由蠶食而至鯨吞的過程，此亦南宋滅亡的全過程；由此可見譜主生活的時代大背景，其思想感情亦由此而生。惟戰事浩繁，僅取其要而已。至於南宋被兵之地，或得或失，宋守將或戰或遁，或殺身成仁，或望風納降，一般不作詳述，亦僅示「動向」而已，以節省文字。

四、史事凡取自《宋史》、《元史》、《金史》等正史者，或徑録其文，或綜合折中撮述大意，於譜文中一般不注出處，以避煩瑣；僅見於其他史書者，酌注出處，以便檢查。

五、本譜中所涉及的與譜主有關的人物，凡正史有其傳記詳細記載者，一般不敘述其事蹟；

史無記載者，則略作考證，以明其與譜主之關係。

六、凡譜文中須作考證、説明者，一般以按語標出，以清眉目。

七、本譜紀年，略從文物出版社一九七三年十二月出版的《中國歷史年代簡表》。在宋德祐元年以前，用宋紀年，不附金與蒙元之紀年。宋德祐二年至祥興二年，鑒於宋紀年仍存，而元已基本取得全國政權，因而兼用宋與元之紀年。祥興二年之後，用元紀年。

八、譜中所涉及的地名，一般不注今名，僅重要地名夾注今名。所涉及的干支、月日，重要者夾注公曆，一般不注。所涉及的著作，重要者夾注存佚，一般不注。所引用的較長詩題，爲便於讀者閲讀，予以句讀。附録諸篇資料，遇有明顯字誤，徑改，不出校，如「邢居實」誤爲「邢君實」之類。

九、胡應麟曰：「史難於覈。」年譜屬之。雖盡力搜求，限於條件，譾陋粗疏之弊，容或不免。博雅君子，尚其匡教，藉資補充改正，則幸甚！

舒岳祥年譜

舒氏系出任姓，黃帝之後，見《世本·氏姓篇》；一云出自偃姓，皋陶之後，其國楚滅之，後爲楚屬國，子孫以國爲氏，見《新唐書·宰相世系表》；而宋元間劉莊孫所撰《舒閬風先生行狀》（以下簡稱《行狀》）則云舒氏蓋出姬姓，皋陶之後。舒氏少聞人，如《新唐書·舒元輿傳》所云「地寒不與士齒」，至唐，有元輿者出，爲文宗宰相，姓乃顯。茲據《行狀》列舒岳祥世系於下。（見下頁）

岳祥字景薛，一字舜侯，宋台州寧海（今屬浙江）新寧鄉閬風里人，居其里之尚義村，人稱閬風先生。

《寶祐四年登科録》四甲第一百十七名舒岳祥下署：「本貫台州寧海縣新寧鄉。」

《閬風集》卷十《篆畦詩序》：「其里爲閬風，其村爲尚義。」

《宋元學案》卷五十五：「舒岳祥，字舜侯，一字景嶭，寧海人也。」又云：「築閬風臺，讀書其上，人稱閬風先生。」按，景嶭，今多作景薛，應以「嶭」是。嶭，山勢高峻貌，與岳祥之「岳」相應。《嘉業堂叢書》本《閬風集》所附的多種資料，均作景嶭，茲從之。

舒氏世系簡表

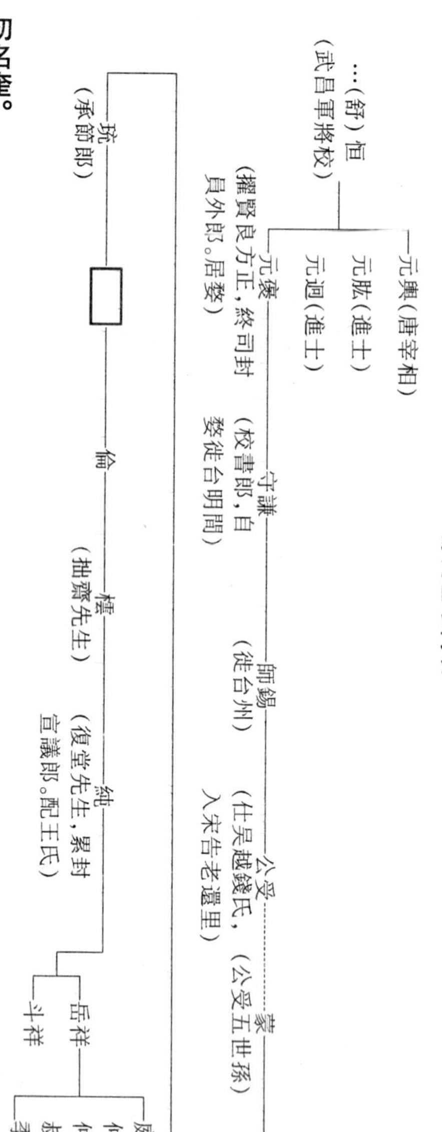

初名奎。

劉莊孫《行狀》：「初，公之生也，其曾祖母王夫人年九十六，夢人授公母安人以蛛網。拙齋問其狀，以爲與奎象類，故始名奎。」按，岳祥於淳祐九年(1249)五月作《尚義舒氏宗譜序》，即署名「奎祥」。

又字東野。

《寶祐四年登科録》：「舒岳祥，字東野。」戴表元《剡源集》卷九《國南仲詩後序》：「鄉人自寧海至，無慮累十數人……獨胡俊甫、舒東野在坐。……獨東野老壽，巍然高卧閬風香巖上三十年。」按，香巖，又作薌巖，閬風里名山，見《閬風集》卷五《過劉允叔故居》序。

祖橒。

《行狀》：「橒，是爲拙齋先生，於公爲祖。」又稱拙齋少從其宗人文靖公璘學，得象山大意。

按：舒璘（1136—1199）字元質，一字元賓，號廣平，奉化（今屬浙江）人。乾道八年（1172）進士。受學於陸九淵（象山），得陸學「發明本心」之旨；又曾向張栻、朱熹、吕祖謙學習。詳見《宋元學案》之《象山學案》和《廣平定川學案》。璘爲一代賢才，葉適《水心文集》卷二十七《上執政薦士書》向朝廷推薦賢才「自陳傅良以下三十四人」，璘名列其中。璘樂於教人，門人衆多，拙齋即從之學。璘卒於宜州通判任，淳祐中特謚文靖。著有《詩學發微》、《詩禮講解》，均佚，現存《舒文靖集》二卷，有《四庫全書》本、清抄本（《中國古籍善本書目》集部四〇八一號）；《舒文靖公類稿》四卷附録三卷，載《四明叢書》第四集。《宋史》卷四百一十有簡傳附沈焕傳後。

《閬風集》卷十一《月中桂子記》：「余記童丱時先祖拙齋翁夜課余讀書。」

父純。

《行狀》：「橒生純，是爲復堂先生，於公爲考。」又稱復堂以紹定戊子（1228）因趙丞相葵牒試浙漕，入官累封宣議郎。

《閬風集》卷十二《故孺人王氏墓誌銘》：「先君中年多病，晚亦患風弱，一日五飯，坐起非人不支，中夜或索飯啜。」

家富藏書，因得涵泳其中，至老讀書不輟。

《閬風集》卷五《僕有書五千卷，藏明恩山房，亂後幸存……》，中有「歲久殘僧屋，吾書故不塵」句，可見其讀書之勤。

《閬風集》卷九《老屋》：「空齋惟有書千卷，夜夜青燈共寂寥。」

其學術淵源，早年取法陸象山、朱晦庵；及長，受文法於吴子良，遠紹葉適之學。

《行狀》：「拙齋少從其宗人文靖公璘學，得象山大意，微以語公（岳祥），輒悟。是時，國家方表章建安朱氏學，公稍長，聞其説於耆老大儒，作《原性》諸文，實能會朱陸深微之論。」又曰：「弱冠識篔窗先生陳公，公以語荆溪先生，吴公見其文，奇之，比之賈誼、終軍。」按：篔窗先生陳公，即陳耆卿，詳十八歲譜；荆溪先生即吴子良，見二十五歲譜。

袁桷《清容居士集》卷三十三《先君師友淵源録》：「（岳祥）弱冠謁吴子良吏部，大奇之。吴學於陳耆卿舍人，舍人學於葉適正則。」

《宋元學案》卷五十五：「(岳祥)受文法於吴荆溪(即吴子良)，荆溪序其集，以『異禀靈識』稱之。」又云：「水心(葉適)之學，至閬風師弟後，無復存矣。」

宋亡不仕，自稱遺民，教書授徒，爲天台三宿儒之一。

全祖望《鮚埼亭集外編》卷十八《胡梅磵藏書窖記》：「宋亡，四方遺老避地來慶元者多，而天台三宿儒預焉：其一爲舒閬風岳祥，其一爲先生(按指胡梅磵三省)，其一爲劉正仲莊孫，皆館袁氏。」又稱此三人爲「天台三老」，其《鮚埼亭集》卷四《湖語》云：「天台三老，博奥精通，(自注：胡身之、舒閬風、劉正仲俱避地湖上。)高文老筆，來自剡中。」按：袁氏即鄞縣袁洪，字季源，岳祥門人袁桷之父。

《光緒寧海縣志》：「宋鼎革，(岳祥)不仕，爲赤城書堂長，教授鄉里，其規約如藍田、麗澤，一時人文之盛，五邑無比，剡源戴表元、四明袁桷并從岳祥遊。」又云：「岳祥晚逢鼎革，遁迹終身，益覃思著作，詩文中隱隱有不忘故主之意。」

《閬風集》卷八《鄉巖山居孟夏二十絶》：「新國苦長役，遺民懷故鄉。」按：新國，元朝；遺民，自謂也。

晚年衰病，生活艱難，唯寄意於《易》。

《閬風集》卷五《賤生之日邀正仲子堂小酌》：「開歲恰七十，吾衰病已頻。……晚年方學

《易》，此意爲誰陳。」同卷《九月朔晨起憶故園晚易》，自注云：「晚易，書齋名也。」卷八有六言絶句《晚易齋》。書齋之名，亦寓晚年學《易》之意。卷三《蝶軒讀易幾》詩，末二句云：「兀兀窻西夜，吾方理《易幾》。」《易幾》，自注云：「先人遺文。」蓋岳祥之學《易》，亦有其家學淵源。

至於晚年生活之困頓，《閬風集》中記載尤多。

《閬風集》卷五有《四月六日絶糧，用銀盞易穀，作詩别之》。同卷《别銀瓶》詩云：「年凶人賣子，吾亦賣銀瓶。送老無留物，因貧總割情。」晚年乃至賣藥爲生，《閬風集》卷四《十二月十三日曬藥有感》有句云：「賣藥不二價。」戴表元《讀閬風題林隱詩追和贈汪秀才》亦云：「避世書爲屋，謀生藥當田。」謝翺《送袁太初歸剡源》：「舒君白頭爪塵垢，戴君（表元）業成衣露肘。」亦言其貧困也。

一生覃思著述，著作宏富，今僅存《閬風集》十二卷。

《行狀》：「以斯文自娱，其見於所爲詩文，皆可考也。公之文，其於南北者今皆刊本。凡作於丙子（1276，宋亡）以前者，有《蓀墅稿》四十卷，《史述》十八卷，《漢砭》四卷，《補史》一卷，《家録》三卷；若《避地稿》、《篆畦稿》、《蝶軒稿》、《梧竹里稿》、《三史纂言》、《談叢》、《叢續》、《叢殘》、《叢傳》、《叢肆》、《昔游録》、《深衣圖説》，總二百二十卷，皆丙子以後所作也。」按：《赤城新志》、《兩浙名賢録》、《宋元學案》所載略同。惜其著作後多散佚。焦竑《國史經籍志》、倪燦、盧文弨《宋史藝文志補》皆載《閬風集》二十卷，亦不見傳本。四庫館臣從《永樂大典》中輯其詩文，釐爲十二卷，仍題作《閬風集》，蓋以其爲岳祥著作之總名也。今所傳本皆十二卷，凡詩九卷，文三卷。另樂貴明《四庫輯本别集拾遺》復從《永樂大典》輯得館臣漏輯者詩七十首，文一篇；《全宋詩》又從《宋詩紀事》、《赤城詩集》、《赤城别集》等書中增輯詩九首；《全宋文》、《全元文》各復輯文一篇； 舒岳祥後裔舒家悦與地方文獻收藏愛好者應可軍等新增補佚詩九首，文四篇，編入其《閬風先生舒岳祥》(二〇〇六年五月自印本)。總計存詩八百五十八首，文三十六篇。

尤長於詩，歷經亡國之痛，詩格大進，頗似老杜，實爲宋遺民詩人之翹楚。

《行狀》：「其作於中年者，明潔而清峻，麗密而雄深； 其作於莫年者，詩益精妙。」

《四庫全書總目》：「晚逢鼎革，遁迹終身，乃益覃思於著作。其詩文類皆稱臆而談，不事雕績。集中有《詩訣》一首云：『欲自柳州參靖節，將邀東野適盧仝。』又云：『平原駿馬開黄霧，下水輕舟遇快風。』其宗旨所在，可以想見矣。」

《閬風集》卷二《題潘少白詩》：「燕騎紛紛塵暗天，少陵詩史在眼前。……君能於此更著力，唐體派家俱可捐。」卷五《九月朔晨起憶故園晚易》：「平生欲學杜，漂泊始成真。」按：《閬風集》中有詩九卷，多爲宋亡後作，詩中多見亡國喪亂之痛，其《歸故園》云：「千家桑梓兵餘痛，十世松楸火後悲。瓦礫成灘無鳥雀，荆蒿如杖有狐狸。咸平樹在枝柯損，晚易書亡目録遺。半樹瓊花微雨裏，向誰寂寞淚將垂！」《俘婦詞》云：「初謂無兵禍，那知酷至斯！相看不敢哭，有死未知期。兒向草間没，夫隨劍口離。琵琶猶帶怨，況是作俘累！」至於關心民瘼，鞭撻暴政之作，亦屢見集中，兹不舉例。在元朝民族高壓政策下，以如此之膽勇直面現實，在宋遺民詩人中，實不多見。

妻王氏。

參見十五、十七歲譜。

子五、女一、孫六、曾孫一。

《閬風集》卷十二《故孺人王氏墓誌銘》：「有子五人：庭堅、仲容、仲堪、叔獻、季臨；有女一人，適故直敷文閣方宗卿猷之孫應；孫男六人：延祖早夭，繩叟、長叟、揚叟、宏叟、頤叟；曾孫光；曾孫女八人。」按：《行狀》「應」作「應飛」；六孫：延祖早夭，繩叟、揚叟、宏叟、熙叟、溪叟；曾孫光曾，無「曾孫女八人」。

宋寧宗嘉定十二年己卯(1219)　一歲

是年十一月二十七日生。

劉莊孫《行狀》：「公生於宋嘉定己卯十一月二十七日。」按當公元1220年1月4日。此譜除岳祥生卒月日注出公曆外，餘皆用我國傳統曆法——農曆。

《閬風集》卷三《庚辰元旦試筆》：「數我初生歲，今爲第二年。光陰六十過，行輩幾人全。」按：已知「初生歲」之「第二年」爲庚辰，則其「初生歲」當爲己卯。《嘉業堂叢書》本《閬風集》此詩下有注云：「據此，則閬風先生生於宋嘉定十二年己卯也。」注是。

同書卷六《辛巳自壽》首句云：「六十三翁自荷天」，又云：「不材幸度龍蛇歲，多病休催犬馬年。」按：辛巳爲至元十八年(1281)，上推六十三年，爲嘉定十二年己卯，即岳祥生年。

同書卷十二《故孺人王氏墓誌銘》：「孺人長予七歲，生於宋嘉定壬申二月二十八日。」按：嘉定壬申即嘉定五年(1212)，下推七年，亦爲己卯。

同書卷五《臘月朔第二孫繩祖彌月，喜其與翁同十一月而又皆乙亥時也，因賦以祝之》。據此知岳祥生於十一月。

《寶祐四年登科録》載岳祥當時爲二十一歲。若此，則岳祥當生於宋端平三年丙申(1236)。

按此録失誤。王德毅等編《宋人傳記資料索引》沿其誤，又將岳祥之妻作岳祥之母，尤誤。其時上距金貞祐南遷汴京、蒙古陷燕京僅四五年，距鐵木真（成吉思汗）建蒙古國十三年；下距蒙古滅西夏八年，距金滅亡十五年。

陸九淵卒後二十六年。

舒璘卒後二十年。

朱熹卒後十九年。

葉適七十歲。

陳耆卿四十歲。

吴子良二十三歲。

宋金戰争仍在進行中。是年正月，金人犯成州，焚成州而去。又犯棗陽軍、信陽軍、破鄖山縣，進逼均州，圍安豐軍及滁、濠、光州，陷鳳州，夷其城。二月，金人破光山縣，陷興元府。三月，金人焚洋州。閏三月，金人自光州犯黄州之麻城，自濠州犯和州之玉磧，自盱眙至滁州之全椒、來安，及揚州之天長、真州，游騎數百至東采石、楊林渡，建康大震。幸有宋京東總管李全、忠義總轄李先援救，擊退金兵。宋金之戰進入膠著狀態，而宋内部的主和派再次擡頭。

嘉定十三年庚辰（1220）　二歲

嘉定十四年辛巳（1221）　三歲

嘉定十五年壬午（1222）　四歲

胡山甫生。按：《閬風集》卷五《山甫病中歸峽，作此問之》：「自憐三歲長，多白幾分頭。」

嘉定十六年癸未（1223）　五歲

王應麟生。按：應麟字伯厚，又字厚齋，晚號深寧叟。鄞縣（今浙江寧波）人。是年七月二十九日生。其弟應鳳同日生。

葉適卒，年七十四。

是年十二月庚寅，金宣宗完顔珣卒，年六十一。子守緒立，是爲金哀宗。

嘉定十七年甲申（1224）　六歲

閏八月丁酉，宋寧宗趙擴崩，年五十七。趙昀即位，是爲理宗。

是年六月，金哀宗鑒於蒙古猛攻其北，無力南顧，宣詔「更不南伐」，宋金停戰，而金亦岌岌可危矣。宋金戰爭之爲禍，荆襄兩淮之地最甚。魏了翁端平元年（1234）九月進對之言曰：荆襄淮西之地，「今已赤地千里，往往行十日無炊煙」（《宋季三朝政要》卷一），話可能不無誇張，但其社會經濟和生產力遭致極度破壞，當是不争的事實。端平元年宋乘滅金之勢收復中原郡縣西京諸地，皆爲空城，亦是例證。

宋理宗寶慶元年乙酉（1225）　七歲

能作古文，出語輒驚人，有「奇童」之目。

袁桷《清容居士集》卷三十三《先君師友淵源録》：「舒岳祥，台州寧海人，七歲能作古文。」

劉莊孫《行狀》：「公生而氣豪骨老，童時出語輒驚人，落筆不肯隨人後，踔厲風發，士林老宿莫不屈輩行與之交。」

《閬風集》卷七《次韻》：「兒時人道是奇童。」此皆童年事，姑繫於此。

寶慶二年丙戌（1226）　八歲

董楷生。

謝枋得生。

吴子良中進士。

蒙古伐西夏，取黑水等城。

寶慶三年丁亥(1227)　九歲

蒙古軍向宋四川進兵，破關外諸隘。是年六月，蒙古滅西夏。七月己丑，成吉思汗病卒於六盤山，終年六十六，遺言聯宋滅金。

紹定元年戊子(1228)　十歲

紹定二年己丑(1229)　十一歲

八月己未，蒙古窩闊台(成吉思汗第三子)繼汗位，定都和林。蒙古始立朝儀。

紹定三年庚寅(1230)　十二歲

胡三省生。按：胡三省字身之，號梅磵(一作澗)，寧海人，與舒岳祥同住新寧鄉。寶祐四年(1256)進士，與岳祥同年。曾受賈似道辟，從軍蕪湖，言輒不用。及賈敗，隱居不仕，專心《通鑑》，著《資治通鑑音注》及《釋文辨誤》百餘卷。《新元史》有傳(附於馬端臨傳後，僅五十餘字)。周祖謨撰《胡三省生卒行歷考》(見《輔仁學志》十三卷一至二期)，考證詳悉。與舒岳祥爲友。全祖望《胡梅磵藏書窖記》稱胡氏與舒岳祥、劉莊孫爲「天台三宿儒」。著有《竹素園稿》一百卷，《宋史翼》作《竹葉稿》，佚。

紹定四年辛卯(1231)　十三歲

八月，蒙古軍破武休，入興元，攻仙人關。十月，破蜀口諸郡。

紹定五年壬辰(1232)　十四歲

七月，理宗下詔，言及「近歲北兵再入利(州)、閬(州)，迫及順慶」。

周密(公謹)生(據夏承燾《周草窗年譜》)。

是年十二月，蒙古遣王檝使宋，約夾攻金。蒙古許俟滅金後以河南地歸宋。(《宋史紀事本末》卷九十一)

紹定六年癸巳(1233)　十五歲

與王氏訂婚。

《閬風集》卷十二《故孺人王氏墓誌銘》載，王氏爲台州寧海王者奥人，處士王昺之女，長岳祥七歲，生於宋嘉定五年壬申(1212)二月二十八日。訂婚時王氏已二十二歲。此《墓誌銘》記，王昺讀書應舉「有聞於鄉，不幸以病廢，而書聲不絶，吟經治史相授受也。自此羣從弟子，彬彬然以貢於鄉、入於學者，由公漸摩始也。然其温恭醇慎之德，月旦評所推重。三聚族多科目之士，往往捷鈴交馳，人皆曰王者奥今當名黄旗奥也。」「三聚族」，謂王者奥王氏之族與其西鄰鄭霖、鄭發之族，東鄰葉夢鼎之族也。

是年正月，金主在蒙古軍强大攻勢下，狼狽奔歸德，汴京陷。六月己亥，奔至蔡。九月，蒙古軍會集蔡州；十二月，宋軍與蒙古軍會攻蔡州。

六月，窩闊台詔令蒙古貴族子弟學習漢語言文字，認爲這是「一件立身人公事」。

八月，蒙古都元帥塔察兒使王檝至襄陽，約攻金。冬十月，宋將孟珙、江海帥師二萬，運米三十萬石，赴蒙古之約。（《宋史紀事本末》卷九十一，《元史》作「冬十一月」。）

端平元年甲午（1234）　十六歲

初應鄉舉。

《閬風集》卷十一《重建台州東掖山白蓮寺記》：「余童冠以應鄉舉，過臨海、寧川兩界之嶺曰桐巖，日晏則息宿於白蓮莊。」按：岳祥之初應鄉舉，無紀年。考其仕歷，此次應鄉舉未獲中。《故孺人王氏墓誌銘》云：「孺人年二十二而後歸於我……予亦早有棄夫場屋之興，是時鄉長上殿撰王公定勉予就舉，其書在几格，孺人取讀之，謂予曰：『此君分内事，宜聽公言。』己酉，予始勉出應進士舉，偶濫鄉試首薦。」己酉爲淳祐九年（1249），岳祥三十一歲，顯然非「童冠」（青少年）時所應的「鄉舉」。據以上文意，岳祥「童冠」時所應的「鄉舉」，其時間似當在結婚前不久，婚後所應之舉，其時則爲「己酉」。查《宋史》卷四十二《理宗紀》載，端平二年（1235）六月有「賜進士吳叔告以下四百五十四人及第出身有差」事，可知該年有殿試。據此，鄉試當在端平元年。故初應鄉舉事姑繫於此。

門人劉莊孫生。按：劉莊孫字正仲，號樗園，寧海人。在太學五年不獲釋褐。曾從吳子良學，後從岳祥學，與岳祥關係至密，岳祥卒後，爲撰《舒閬風先生行狀》。宋亡，隱居不仕。著《書傳上下篇》二十卷，《易志》十卷，《詩傳音旨補》二十卷，《周官集傳》二十卷，《春秋本義》二十卷，以及《論語章指》、《老子發微》、《深衣考》等，詩文集曰《芳潤稿》五十卷，《和陶詩》一卷，均佚。

是年正月，蒙古軍與宋軍攻陷蔡州，金哀宗完顏守緒自殺，末帝完顏承麟被害，金亡。宋金戰爭結束。宋權臣史嵩之「以陳、蔡西北地分屬蒙古」。（《續資治通鑑》卷一百六十七）

是年，宋乘滅金之勢收復河南郡縣，又輕遣偏師收復西京（洛陽），爲蒙古軍所擊，宋軍將領措置失計，師退無律，致後陣敗覆，損失慘重。宋蒙（元）戰爭由此啓釁。按：宋軍端平入洛，是宋史上重要事件之一。宋周密《齊東野語》卷五《端平入洛》條記載詳悉，自謂「此事得之當時隨軍幕府日記，頗爲詳確」。《宋史紀事本末》卷九十二《三京之復》、《續資治通鑑》卷一百六十七等皆繫此事於端平元年八月，獨《宋季三朝政要》繫於理宗之寶慶元年（1225），顯爲錯簡。關於端平用兵事，宋黃震（東發）《古今紀要逸編》論曰：「韃靼迫逐女真至蔡州，遣使邀我夾攻。會舊相薨，新相鄭清之鋭意乘機，遣邊帥孟珙共滅之。韃靼歸我俘獲，使薦太廟，以雪前耻。夫以我之積弱如此，韃靼之方强如彼；我因人之力如此，韃靼稱功於我如彼，使善與交，尚虞後艱。清之反背約，乘虚欲襲無人之地以誇恢復，遂致趙范、趙葵、全子才凡三十萬盡殲，江南百餘年兵糧積聚輦載之北盡空，京襄、四川沿邊百郡盡失。……」鄭思肖《先君菊山翁家傳》亦曰：「端平出師復兩京之敗，皆鄭相（按即鄭清之）誤國罪。」《宋史·奸臣四》賈似道傳亦云：「自端平初，孟珙帥師會大元兵共滅金，約以陳、蔡爲界。師未還而用趙范謀，發兵據殽、函，絶河津，取中原地。大元兵擊敗之，范僅以數千人遁歸。追兵至，問曰：『何爲而敗盟也？』遂縱攻淮、漢，自是兵端大啓。」

是年十二月，蒙古遣使王檝至宋，責宋敗盟。

端平二年乙未（1235）　十七歲

娶王氏。

《閬風集》卷十二《故孺人王氏墓誌銘》云王氏「早喪母，父病末疾，孺人一意順奉，扶翊卧起，湯藥饘粥，必親必躬。初不忍嫁，誓老於親旁。既而考疾稍能自支，不欲遂其不字之志，乃遲之以歸我」。

同書同卷《祭妻父王公文》：「我年十七，爲公之婿。」

是年初，宋遣程芾爲通好使，赴蒙古。閏七月，蒙古軍犯宋唐州；十月，攻陷棗陽，犯襄、鄧，入郢，擄人民牛馬數萬而歸。蒙古對宋戰争由此開始。

端平三年丙申（1236）　十八歲

約在是年識陳耆卿。

《行狀》：「弱冠識篔窻先生陳公。」按：篔窻即陳耆卿。陳耆卿（1180—1236）字壽老，號篔窻，台州臨海（今屬浙江）人。嘉定七年（1214）進士，官至國子司業。從學於葉適，適稱其爲「近世文人可以繼元祐并稱者」（《水心文集》卷二十五《陳處士姚夫人墓誌銘》），稱其文「馳驟羣言，特立新意，險不流怪，巧不入浮，建安、元祐恍焉再睹，蓋未易以常情限也」（同上書卷二十九《題陳壽老文集後》）。吴子良《篔窻續集序》亦盛稱耆卿文（略），并云：「葉公晚見之，驚詫起立，爲序其所著《論孟紀蒙》若干卷、《篔窻初集》若干卷，以爲學游、謝而文晁、張也。……葉公既没，篔窻之文遂巋然爲世宗，蓋其統緒正而氣脉厚也。」吴子良，見本譜二十五歲譜。又，錢大昕《十駕齋養新録》卷十四《赤城志》條考篔窻仕歷頗詳，文曰：「耆卿，臨海人，嘉定七年進士。《宋史》不爲立傳。考《中興館閣續録》，稱寶慶二年正月，召試館職，除秘書省正字，十一月，轉校書郎；紹定元年十二月，除秘書郎，三年十二月，除著作佐郎，六年十月，除著作郎； 端平元年二月，兼國史院編修官，是月，除將作少監。《赤城新志》言其官至國子司業，但不云卒於何年，亦未審壽若干也。」

陳耆卿卒，年五十七。

文天祥生。

是年，蒙古軍數路攻宋。正月，攻宋江陵； 三月，宋襄陽北軍主將王旻、李伯淵相繼降蒙古，襄陽爲空； 七月，蒙古軍入蜀，取關外數州； 十月，入成都，秦、鞏等二十餘州皆降，僅夔州一路及瀘、果、合數州尚存； 蒙古軍陷固始縣、文州，圍光州； 十一月，入淮西。宋軍收復成都府。

嘉熙元年丁酉（1237）　十九歲

夏四月，宋沔州諸鎮將帥，以蒙古軍壓境，皆棄官遁。秋七月，蒙古軍自光州、信陽抵合肥，別攻蘄州，取隨州。黃州、安豐告急。宋懼，請和，蒙軍乃撤。

嘉熙二年戊戌（1238）　二十歲

陸秀夫生。

是年夏，宋復取襄樊。九月，蒙古重兵圍廬州，爲守臣杜杲所破，乃退兵。（《宋季三朝政要》）

嘉熙三年己亥（1239）　二十一歲

嘉熙四年庚子（1240）　二十二歲

是年夏四月，蒙古使王檝復至宋。檝前後凡五至宋，以和議未決，隱憂致疾卒於宋，宋歸其柩。

淳祐元年辛丑（1241）　二十三歲

王應麟登進士第。

是年十一月辛卯，蒙古主窩闊台病卒，乃馬真后（窩闊台六皇后）稱制。蒙古軍攻普州城，圍成都。

淳祐二年壬寅（1242）　二十四歲

是年七月，蒙古軍自五河口渡淮，攻宋揚、滁、和等州；十月，蒙古軍大入通州（今江蘇南通），通州守杜霆棄城弗守，載其私帑渡江以遁，遂致民遭屠戮；十二月，蒙古軍進攻敘州。

浙東大水。

淳祐三年癸卯（1243）　二十五歲

秋八月，遊霞城（浙江天台赤城山），以文謁吴子良，吴深許之，遂爲之序。

《閬風集》吴序：「余自丱學文，諗游從於海內，欲求異禀靈識如漢賈誼、終軍，唐李觀、李賀，本朝王令、邢居實輩，杳不可復得。……癸卯秋八月，乃始得舒生，首示余兩編。余讀《蓀墅稿》，如登岱華，檜柏松椿樅杉梗樟之幹，掀舞而偃踞，槎牙而陰森；如涉大海，龍蜃蛟螭，鯤鯨黿鼉，號風噀雨，叱霆捩電，朝莫變怪之百出；如觀武庫，戈甲犀利，光芒閃爍，毛髮森聳而膽爲寒；如步寒皋，眺遠渚，煙深月淡，鴈嘈嗥而鶴孤唳。讀《史述》，如神禹隨山刊木，百川順逆之勢畢露；如季札觀周樂、聘列國，逆料其理亂興亡，皆暗合；如馮婦徒手搏虎，如子路片言折獄。蓋其通達近誼，辯博近軍，贍鬱近觀，奇詭近賀，勁挺近令，清峭近居實。余驚喜，恨得之晚。……生既早獵羣書，氣豪骨老，不肯躡舉子後，方且磨礱浸灌於性命道德之説，駸駸焉異禀靈識孰如生者？生其此之慎乎哉！今生之年甫二十有六，異禀益宜養，靈識益宜充；又二十六年巋然以行學立閬風上，追前哲而啓後來者必生也。臨海吴子良序。」按：此序見於明謝鐸輯《赤城後集》，四庫全書本《閬風集》未載，劉承幹《嘉業堂叢書》本《閬風集》則首列此序。序盛贊岳祥之《蓀墅稿》、《史述》，可知當時俱已成書，惜久佚，今無以置喙於吴序矣。又按：吴子良（1197—1257）字明輔，號荆溪，台州臨海人。陳耆卿之表弟（《葉適集》卷二十七《答吴明輔書》）。年十六，從學於陳耆卿；二十四從學於葉適（見吴子良《篔窻續集序》），葉適稱其文「意特新，語特工，韵趣特高遠，雖昔之妙齡秀質，其終遂以名世者，不過若是，何止超越輩流而已哉！」（《答吴明輔書》）《宋元學案》卷五十五稱吴「幼從篔窻學，亦曾登水心之門，篔窻之統，傳於先生」。寶慶二年（1226）進士，官至湖南轉運使、太傅少卿。寶祐四年（1256）因忤史嵩之罷官，尋卒。著有《荆溪集》（佚）、《林下偶談》。關於吴子良之卒年，未見記載。《閬風集》卷十《劉士元詩序》云：「往時荆溪公主斯文齊盟……時蕭中父道嵩在座，就請爲君（劉士元）著語（按指作序），先生（荆溪）頷之。未幾，先生起帥湖南，竟不果爲君評，惜哉！先生下世十年，而君以屬予，今又十二年矣。」文末署寫作時間：「戊寅八月」，即元至元十五年（1278）。由此上推十二年，再上推十年，即「先生下世」之年，爲寶祐五年（1257）。卒時，車若水挽以詩，有云：「江右文章今四葉，水心氣脉近三台。」（《宋史翼》本傳）

謝鐸《赤城新志》：「（岳祥）年二十六時，以文見吴荆溪，荆溪稱其異稟靈識，如漢賈誼、終軍，唐李觀、李賀，本朝王令、邢居實輩，後果以文學名。」按：岳祥之初見吴子良，吴《序》謝《志》皆云「年二十六」。此非記載之誤，實與古時記歲之法有關：岳祥始生之年，閏三月，立春在當年春節之前（十二月二十二日），古有「立春增歲」説，如此，則岳祥在出生之當年，已是二歲（所謂「虚二歲」），至癸卯，乃二十六「虚歲」矣。

初識董楷、董樸。

《閬風集》卷十二《祭董正翁文》：「癸卯之秋，僕遊霞城，荆溪座中，識君弟兄。論雖罕同，心自此傾。」按：董楷（1226—？）字正翁，號克齋，臨海人，寶祐四年（1256）進士，官至吏部侍郎，有惠政。著有《克齋集》，佚；其《周易傳義附録》十四卷存《四庫全書》中。岳祥在祭文中謂其「學有源委，行有法程。施之政事，又有器能」，又云：「世事已矣，哽咽何言。君歸故鄉，轉側間關。……結茅江浦，料理殘編。柴桑非樂，浣花且安。」蓋董楷入元後亦隱而不仕者也。至於岳祥所謂「論雖罕同」、「學有源委」云云，據《宋元學案》，董楷、董楧皆潛室陳埴（器之）門人。潛室雖少師葉適（水心），但後從學朱熹，且能墨守朱子學説。董氏兄弟得朱子再傳之學，故云「學有源委」。而岳祥則遠紹水心之學，學非同途，故論學「罕同」。董楷卒年當在至元二十五年（1288）之前。錢應孫於此年仲夏作《跋趙子固墨迹》云，正翁與子固「二君亦已矣」。正翁是錢應孫内兄，言當不誤。董楧字華翁，董楷之兄，淳祐七年（1247）進士，官至户部侍郎。岳祥與董氏兄弟結交始此。

是年秋七月，蒙古軍破四川大安軍。

淳祐四年甲辰（1244）　二十六歲

門人戴表元生。按：戴表元（1244—1310）字帥初，一字曾伯，晚年自號剡源先生，或稱質野翁、充安老人。慶元奉化人，居剡源之榆林（岳祥有詩《寄帥初》稱之爲「榆林戴」），歷任建康、臨安、信州等府學教授。工詩文，爲元初東南大家，其學多得力於岳祥。《四庫全書總目》稱「表元少從王應麟、舒岳祥遊，學問淵源，具有授受」。著有《剡源集》，今存。《元史·儒學傳》有傳。

是年秋，蒙古軍陷壽春，攻泗州、盱眙、揚州。

淳祐五年乙巳（1245）　二十七歲

袁洪生。按：袁洪（1245—1298）字季源，號竹初，鄞縣人，袁桷之父。在宋累官沿海制置司參議官；元大德二年授以處州路同知，命下，已卒。袁氏系萬石之家，且廣蓄書卷（《清容居士集》卷二十二《袁氏舊書目序》），宋元間甲於浙東。岳祥於宋亡後避亂曾寄寓袁家，有詩《寄袁季源》等。袁洪事蹟詳見袁桷《清容居士集》卷三十三《先大夫行述》、程鉅夫《雪樓集》卷二十《袁府君神道碑》。

淳祐六年丙午（1246）　二十八歲

蒙古貴由（窩闊台長子）即汗位。冬，蒙古耀兵淮南，進圍黃州。

淳祐七年丁未（1247）　二十九歲

弟斗祥、友人董樸（華翁）中進士。

《閬風集》卷十二《祭董正翁文》：「丁未進士，華翁先登；吾季與焉，爲同年生。」按：斗祥字景韓，岳祥之弟。據《閬風集》卷十二《故豸峰應君墓誌銘》，斗祥終承議郎長洲縣令，卒於任所。其子名子普，娶寧海梅林應瑞孫之次女。《康熙浙江通志》亦謂斗祥性文雅，好學尚禮，淳祐進士，官長洲令。

是年春，蒙古軍攻泗州、渦河等地。（《宋史》入次年，此從《元史》。《宋史》《元史》記事時間往往有出入，此其例。）

淳祐八年戊申（1248）　三十歲

吴子良新除直敷文閣、江南西路轉運判官兼權隆興府。

張炎生。

是年三月，蒙古貴由病卒。

淳祐九年己酉（1249）　三十一歲

應進士舉，中鄉試首薦。

《閬風集》卷十二《故孺人王氏墓誌銘》：「予亦早有棄去場屋之興，是時鄉長上殿撰王公定，勉予就舉，其書在几格，孺人取讀之，謂予曰：『此君分内事，宜聽公言。』己酉，予始勉出，應進士舉，偶濫鄉試首薦。」

五月朔，爲舒氏宗譜作《尚義宗譜序》，論述古代宗法之制。

《序》見《尚義舒氏宗譜》，應可軍、舒家悦編《閬風先生舒岳祥》輯得。遺文可貴，兹録於下，以見岳祥之宗法思想：「譜何爲而作乎？所以尊祖也，所以合族也。尊祖合族，必有宗子。祖也者，本也；族也者，枝也；宗子也者，幹也。古者，天子之元子爲天子，其庶子爲諸侯。諸侯不敢祖天子。其元子爲諸侯，其羣公子爲大夫。大夫不敢祖宗諸侯。生則庶昆弟宗其適（通嫡）者，無適則宗其庶。長死，則各自爲大宗之祖，是爲别子，其庶適繼之，爲大宗。其庶子不得宗。别子死，則自爲小宗之禰，其適子繼之，爲繼禰之宗子焉，爲禰終焉，爲高祖而止，凡四小宗，其旁例皆然。故曰：别子爲祖，繼别爲宗，繼禰爲小宗，大宗則百世不遷。凡别子之子孫，皆宗之小宗，則五世而遷。繼禰之宗，則不敢祭其祖。繼祖之宗，則亦不敢祭其曾祖。繼曾祖之宗，亦不敢祭其高祖也。及其高祖者，至其子，則口口口有變例。鄭氏謂：公子有始來在此國者，後世以爲祖。口口口口口姓能特起。於是邦者亦謂之别子，宗子爲士，支子爲大夫，則以大夫之祭祭於宗子之家。宗以尊祖，非爲是人也，宗有君道焉。自天子、諸侯至於大夫、士，莫不有宗，皆所以尊祖也，皆所以合族也。封建壞而宗道廢，祖遠而日忘，族遠而日薄，兄弟淪爲行路，宗族胥（通疏）爲寇仇，而人倫喪矣，哀哉！故余爲舒氏譜而及古宗法，非止爲舒氏譜也。淳祐九年五月朔日，奎祥序。」按：署名奎祥，岳祥之初名也。

胡長孺生。（胡長孺仕歷見至大四年譜）

謝翱（臯羽）生。

蒙古海迷失后稱制。

淳祐十年庚戌（1250）　三十二歲

就省試，不中而返。妻王氏勉之再進。

《閬風集》卷十二《故孺人王氏墓誌銘》：「既而就省闈，鎩退而返，予自悔此出林壑改操矣。孺人曰：君但張拳再進，四十不成名，爲梁鴻之偕隱未晚也。」

妻父王昺卒。

《閬風集》卷十二《祭妻父王公文》：「我年十七，爲公之婿；年三十二，哭公之逝。」

台州大水。

淳祐十一年辛亥（1251）　三十三歲

是年六月，蒙古蒙哥（忽必烈之兄）即汗位於斡難河，并平諸王之亂。

淳祐十二年壬子（1252）　三十四歲

七月，弟斗祥任琴川主簿。按：琴川，常熟之別名。事見《琴川志》之「主簿題名」。

是年二月，蒙古軍數萬攻隨、郢、安、復；七月，忽必烈征大理；十月，蒙古軍掠成都，薄嘉定，四川大震。（《宋季三朝政要》）

寶祐元年癸丑（1253）　三十五歲

偕妻王氏赴湖湘，依吳子良。吳試以吏事，深許之。

《閬風集》卷十二《故孺人王氏墓誌銘》：「（王氏）中年從予宦湖浙，稍有登覽之勝。」卷三《前詠諸花皆托物以賦者爾……》有「瀟湘聞夜雨」句。

《行狀》：「吳公初待公（岳祥）以文字官選，疑未嫺爲吏，每試以民事，移牘日紛下，條分件剖，辭采爛然。益奇之，乃知公材可大用，不第中文字官選也。」按：岳祥之至湖湘，一生中僅此一次，蓋以吳子良漕湖南也。《宋史》卷四百十一《歐陽守道傳》載，湖南轉運副使吳子良曾聘歐陽守道爲岳麓書院副山長。歐陽守道《巽齋文集》卷一《答荆溪吳運使聘書》題下自注云：「癸丑年，時荆溪漕湖南。」岳祥赴湖湘事，當繫於此。唯在湘吏事煩冗，故《行狀》又云：「荆溪公守潭，（岳祥）瀟湘岳麓之勝，恨未能一寓目焉。」

是年春，蒙古軍渡過漢江，屯萬州，入西柳關。忽必烈等攻取大理。

寶祐二年甲寅（1254）　三十六歲

由湖南返故里。

歐陽守道《巽齋文集》卷六《賀吴荆溪被召書》題下自注云：「甲寅十二月。」首云：「伏讀邸報，冬至日天子召先生還朝。」按：岳祥赴湘，本爲依吴子良。吴既被召還，岳祥亦決無留湘之理，且鄉試在即，返里亦理所當然。

是年春，蒙古軍城利州、閬州；圍嘉定五旬；屯軍唐、鄧、潁、亳。

寶祐三年乙卯（1255）　三十七歲

再中鄉舉。

《閬風集》卷十二《故孺人王氏墓誌銘》：「既而再中乙卯舉。」

是年九月，吴子良再被召。歐陽守道《巽齋文集》卷六《賀吴荆溪再被召書》自注云：「乙卯九月。」據書中所云，吴子良去年被召還，未即用，故有「再召」。

寶祐四年丙辰（1256）　三十八歲

登文天祥榜進士第。

《閬風集》卷十二《故孺人王氏墓誌銘》：「……遂忝丙辰科進士。」

《寶祐四年登科録》載，是年五月八日御試，二十四日皇帝御集英殿，唱名，賜進士文天祥以下及第、出身、同出身六百一人。岳祥中四甲第一百十七名。陸秀夫、謝枋得等同榜，謝二甲第一，陸秀夫第二十七。王應麟弟應鳳亦以二甲第九人登第。

友人董楷中同榜進士第。《閬風集》卷十二《祭董正翁文》云：「君於丙辰，賜第集英。僕厠榜下，又爲齊盟。」

授奉化尉。

《康熙浙江通志》：「舒岳祥，寧海人，寶祐進士，終承直郎，初授奉化尉。」

是年起，於宅西營建「篆畦」，積歲而成，以其行徑紆餘貫穿若篆文，故名。

《閬風集》卷十《篆畦詩序》謂篆畦創於寶祐丙辰，畦中花木多買自京都，序中詳述篆畦形勢及花木名稱，文長不録。按：篆畦實即岳祥家大花園，花木極多，并有諸多亭堂建築，如好翁亭、指竹亭、乘桴亭、耕養堂、書味軒、觀萬堂草廬等，均見《篆畦詩序》。

吴子良忤史嵩之罷官。

王應麟以從事郎揚州教授試博學鴻詞科，中選。

是年五月，蒙古屯兵大理國，取道宋之西南境，將大入邊；七月，蒙古軍進犯敍州、重慶府；九月，蒙古會兵於符離，據百丈口水道，以扼宋舟之往來。「由是，鹿邑、寧陵、考、柘、楚丘、南頓無宋患，陳、蔡、潁、息皆通矣。」(《元史・憲宗紀》)十二月，蒙古軍城棗陽。

寶祐五年丁巳(1257)　三十九歲

在奉化尉任。

吳子良約卒於是年。(考見二十五歲譜)

是年四月，蒙古軍犯襄陽，攻苦竹隘。(《宋史新編》)

寶祐六年戊午(1258)　四十歲

在奉化尉任。

王應麟通判台州。

丁大全拜右丞相兼樞密使，諱言邊事。

是年蒙古軍大舉攻宋，蒙哥親率主力分三路入四川，攻陷利州，破苦竹隘、雅州，進圍合州(今四川合川)，俘人民男女八萬餘口；又命忽必烈征鄂，以分宋軍兵力。十月，蒙古軍攻通、泰州；同時，蒙古軍從大理國出兵侵宋，歷邕桂之境，至静江府，圍潭州。宋廷大震，議遷都，吳潛等止之。

開慶元年己未(1259)　四十一歲

在奉化尉任，旋攝定海令，與友王達善相別。

《閬風集》卷十二《跋王達善燒痕稿》：「予作尉奉川日，王達善出所作相示。……是後奔走東西，不知是編何在。丙子亂後還山，偶整舊篋，是編在焉，欣然如見其面。然未知達善寓吾里之馬坡也。適然相遇於坡中，數相別之日，蓋十有八年矣。」據文意，岳祥與達善相遇於馬坡，時間約在丙子、丁丑(1276—1277)間。由此上推十八年，則岳祥與達善之相别，蓋在開慶、景定元年間(1259—1260)，其時，岳祥因攝定海令，將離開奉化。按：岳祥與達善交誼始此。此後二人篤厚友誼直至達善終年。達善名子兼，字達善，北宋丞相王曾後裔。南渡後寄居鄞城之玉塘，與岳祥爲同輩人，或年稍長於岳祥。詳譜後附録。

十月，丁大全以隱匿軍情罷相。賈似道爲右丞相，由此專恣日甚。

是年正月，蒙古軍攻忠、涪州，漸逼夔境；又連破利州、隆慶、順慶諸郡，閬、蓬、廣安守將相繼投降蒙古。七月癸亥，蒙哥卒於合州軍前之釣魚山，年五十二，在位九年。閏十一月，(《南宋書》作十二月己亥，《元史》、《續資治通鑑》均作閏十一月，從之。)其弟忽必烈鑒於蒙古皇室在繼位問題上諸王「莫不覬覦神器」，急須北返開平，乃接受郝經建議，於鄂州與宋賈似道議和，賈陰許與蒙古割江爲界，且歲奉絹銀各二十萬匹兩。蒙軍撤兵北返，合州、鄂州解圍。

景定元年庚申（1260）　四十二歲

攝定海令。未幾，丁父憂。

劉莊孫《行狀》：「旋攝令定海，未幾，丁復堂憂。服闋，注監廣德贍軍酒庫，未上。……遇度廟登極。」按：度宗登極在景定五年甲子（1264）。古人有爲父母服喪三年之制（實爲二十五個月即畢）。由景定甲子上推三至四年，可知其攝令定海，蓋在是年前後。

是年二月，蒙古偏師取道大理，由廣南進抵衡州，宋向士璧、劉雄飛合兵敗之。蒙古軍犯分寧、武寧。（《宋史新編》、《南宋書》）三月辛卯，忽必烈於開平即蒙古汗位，稱皇帝；夏四月，蒙古以郝經爲國信使，赴宋告即位，且徵前日講和之議。至秋七月，賈似道拘郝經於真州之忠勇軍營。（宋幽拘郝經等，凡十六年，此爲激發蒙元大舉攻宋乃至滅宋的借口之一。）五月丙戌，忽必烈建元中統，蒙古始有年號。（《文淵閣四庫全書》本《元朝典故編年考》有「即位詔」，《元史》有中統建元詔。）

景定二年辛酉（1261）　四十三歲

丁父憂。

是年，宋軍先後攻漣水、瀘州，均敗績。

蒙古擬修遼、金史。六月，宋將劉整降蒙古。七月，元世祖忽必烈發布「諭將士舉兵攻宋詔」（詔見《元史》卷四）。

景定三年壬戌（1262）　四十四歲

在杭州説詩。

戴表元《剡源集》卷九《國南仲詩後序》載其遊杭見聞：「余方弱冠……值衣冠盛集，鄉人自寧海至，無慮累十數，人人以爲詞宗賦伯，談辯縱横無所避。獨胡俊甫、舒東野在座，則衆客停喙，聽其談，嘲以爲笑。然二公多説詩，當其時，自二公外，諸君皆薄詩不爲。」表元此時正在學詩，故以詩問岳祥。按：戴表元此次遊杭時間，據其《送曹士宏序》：「壬戌歲，余初遊武林。」時戴十九歲；《贈談星者謝生序》：「余十八九歲時遊杭。」（引文見《剡源集》卷十四）即「弱冠」之年。時岳祥似仍在丁憂中，因何事至杭，未詳，或已服闋耶？

是年三月，元世祖忽必烈下詔，於其統治區域内，將民户悉簽爲軍，以進行對宋戰争。（詔見《元史·兵志》）

景定四年癸亥（1263）　四十五歲

是年二月，蒙古軍進攻嘉定城。

景定五年甲子(1264)　四十六歲

注官監廣德贍軍酒庫，未上，旋攝霅州掌書記。平息軍亂。

《行狀》云：「服闋，注監廣德贍軍酒庫，未上，有趙公時槖，鄉人也，守霅，以檄公攝其州掌書記。」(霅州，浙江吴興，今湖州市。)又云：遇度廟登極，例有犒軍錢。時朝廷方廢十七界會子(當時的一種紙幣，紹興三十年由户部發行，以若干年爲一界，至此共發行十八界)，而以關子(又稱銀關、金銀關子)與十八界會子并行(十八界會子三貫當一貫金銀關子使用)，民間訛傳十八界會子亦廢，軍人必欲得關子，因而倡亂，突入府廷。岳祥遏退之，陰察倡亂首事者，誅之，軍亂乃止。按：度宗登極，在景定五年冬十月，廢十七界會子事，亦在景定五年冬十月。《宋史》卷四十五《理宗五》載是年冬十月辛亥，「詔十七界浸輕，并以十八界會易之，限一月止。乙丑，詔行關子銅錢法」。又，《宋季三朝政要》卷三：景定五年，「造金銀見(現)錢關子，以一準十八界會之三……收弊楮，廢十七界不用」。惟其時間繫於該年正月，疑誤。

葉夢鼎、趙與訔争相薦舉，被旨考校國子生補試。

《行狀》：「(誅倡亂者後)趙公將聞於朝，辟爲真。公謝止之。……會菊坡趙公與訔尹京，公素相知，以江漲税官辟入府幕，將面薦之上。而故相葉信公時在西府，亦以文字官薦，先被旨考校國子生補試，旦夕且除職事官。」按：趙與訔(1213—1265)，字中父，號菊坡，趙孟頫之父。據《南宋制撫年表》，趙與訔於景定五年十月以兩浙轉運使暫兼知臨安，次年(即宋度宗咸淳元年)三月二十七日致仕。但據趙孟頫《松雪集》卷八《先侍郎阡表》，趙與訔以咸淳元年三月二十三日卒於府治，年五十三。《年表》所載「致仕」時間或誤。據此可知其辟岳祥入幕當在本年冬與次年春之間。又，葉信公即葉夢鼎，字鎮之，號西澗，寧海人。據《宋大臣年表》，葉夢鼎於景定三年十月命同簽書樞密院事；四年三月，改簽書樞密院事；五年五月，命同知樞密院事兼參知政事，十一月，遷參知政事。「西府」，宋制有二府，以樞密院掌軍政，稱西府；中書門下掌政務，稱東府，合稱二府，爲最高國務機關。考諸趙與訔尹京與葉夢鼎在西府之時間，可知其「争相薦舉」舒岳祥，當在本年十月、十一月間，而被旨考校國子生補試(岳祥在《重建台州東掖山白蓮寺記》中稱爲「考胄子補闈」)，蓋在歲末矣，亦與宋制相符。《閬風集》卷八《老椿》序云：「余昔從趙菊坡遊。」當在此時。

王應麟遷著作郎兼崇政殿説書。

十月丁卯，理宗趙昀崩，在位四十一年，年六十，遺詔太子禥即位，是爲宋度宗，次年改元咸淳。

是年八月，蒙古改中統五年爲至元元年。敕選儒士編修國史，譯寫經書，起館舍，給俸以贍之。

宋度宗咸淳元年乙丑(1265)　四十七歲

斗祥卒於長洲,岳祥往哭之。

《行狀》:「會菊坡趙公與訔尹京……旦夕且除職事官。既而哭景韓之喪於長洲。」景韓,斗祥字,岳祥弟。參見二十九歲譜。

丁母憂。

《行狀》:「哭景韓之喪於長洲,繼丁母安人王氏憂。」按:岳祥弟、母之卒無紀年,據趙與訔尹京時間和《行狀》文意,當在此年上半年或其前後不久。

是年八月,蒙古軍元帥阿术率軍進至廬州及安慶諸路。

咸淳二年丙寅(1266)　四十八歲

丁母憂。

門人袁桷生。按:錢大昕《疑年録》、吴榮光《歷代名人年譜》皆稱桷生於咸淳三年丁卯。但考《清容居士集》卷三十三《先夫人行述》、《外祖母張氏墓誌》及卷四十三《祭外祖》,皆自叙生於咸淳二年丙寅夏六月;卷五十《書劉貢父舍人種竹倡和詩後》徑自稱「丙寅人」。當以丙寅爲是。桷字伯長,一字養直,又字太初,自號清容居士。慶元鄞縣人。仕元至翰林侍講學士知制誥同修國史，卒後追封陳留郡公，謚文清。元蘇天爵《袁文清公(桷)墓誌銘》稱桷「從天台舒岳祥習詞章」，《四庫全書總目》稱「桷少從戴表元、王應麟、舒岳祥諸老遊，學問淵源，具有所自」，稱之爲「一代文章之鉅公」。《元史》有傳。

是年八月，蒙古阿术略地蘄、黄，擄掠人口萬計。

咸淳三年丁卯(1267)　四十九歲

丁母憂，服闋，入淮東總領陳蒙幕。

《行狀》：「服闋，會故人山泉陳公蒙總餉金陵，以黄州分司大軍倉辟入總幕。居常相與商論軍國之政，暇則談文講道。之秦淮，登冶城，遊東山而招謝安，歷長安而酹李白，周覽晉宋南渡古今之遺迹，賞勝江山，不煩以吏事。」按：總領即總領官或稱總餉，負責一方軍馬錢糧、財賦之供應、轉運之事。陳蒙，字伯求，吴子良之壻，《宋史》卷四百二十三有小傳，附於其父塤傳之後，文字殊簡略。謂爲「淮東總領」或曰「總餉金陵」，未繫年。岳祥「服闋」而入其幕，其時間殆在此年前後。陳蒙卒後，岳祥有詩《哭陳伯求》：「早總淮西餉，晚爲刑部郎。艱危身九隕，漂泊淚千行。天地孤忠在，山河遺恨長。寡妻隨季女，猶得在鄞鄉。」算是給陳蒙作了總結。

二月，賈似道拜平章軍國重事。

是年八月，蒙古阿术略地至襄陽，俘生口五萬，牛馬五千，敗宋軍。十一月，蒙古采納劉整建議，確定攻宋方略：宜先從事襄陽，如得襄陽，浮漢入江，則宋可平。

咸淳四年戊辰（1268）　五十歲

在淮東總領陳蒙幕。

《宋史》卷四百二十三《陳塤傳》附子蒙傳：「子蒙……爲淮東總領，（賈）似道誣以貪污，貶建昌軍，簿録其家，惟青氈耳。」劉莊孫《行狀》稱，陳蒙被貶事，「毫髮與公（岳祥）無預」。可見岳祥在幕直至陳蒙被貶。按：陳蒙被貶事，無繫年，由岳祥前後事目推知，其事繫於此年，或無大誤。

是年九月，蒙古軍統帥阿术與劉整等築白河城，始圍襄陽。

咸淳五年己巳（1269）　五十一歲

沿江制閫馬光祖、吴革争辟岳祥入幕，皆不就。

《行狀》：「裕齋馬公（光祖），恕齋吴公（革）相繼爲沿江制閫，争辟公（岳祥），皆不就，謂人曰：『主我者以罪去，而吾固利獨留邪？』士益以此高之。」按：馬光祖字華父，婺州金華人，寶慶二年（1226）進士。《宋史》卷四百一十六有傳。馬光祖自寶祐三年八月起，至咸淳五年三月，先後數爲沿江制置大使知建康府、江南東路安撫使；吴革則於咸淳五年三月繼馬光祖爲沿江制置使，至六年十二月離任。《行狀》謂馬、吴相繼爲沿江制閫，争辟公，其時間當在咸淳五年。

戴表元入太學。

王應麟以秘閣修撰主管建康府崇禧觀。

六月甲申，度宗子昰生。

是年正月，蒙古阿术率軍入宋至復州、德安府、荆山等處，俘萬人而去。三月，阿术兵圍樊城，城鹿門。

咸淳六年庚午(1270)　五十二歲

入沿海制閫鮑度幕約在此時。

《行狀》：「(岳祥)歸而謁選待次越之理掾，復遇故人於山鮑侍郎度除沿海制閫，以五鄉酒官辟入制閫。」按：鮑度事見於《宋史》者僅咸淳六年正月丙寅劾江萬里罷左相一條(《宰輔》五)。《延祐四明志》於《職官考》中僅存其姓名，蓋以其爲沿海制閫也。岳祥入鮑幕，無繫年。據《行狀》上下文推核，上有吴革之辟(見咸淳五年譜)，下有董楷之聘(見咸淳八年譜)，其入鮑幕，似當在此年前後。《行狀》又云：「已而於山罷去，繼者皆願留公，而公益自厭，將歸，遂其初志。」據此知在鮑幕時間不長，至遲不過咸淳八年。

爲甲峰周敬翁《梅花百詠》作序或題跋。

《王可久梅花百和詩跋》：「往歲予客瀛幕，甲峰周敬翁從海上緘《梅花百詠》見示，予已評之矣。」按：周敬翁未詳，岳祥爲之所作序跋亦不存。《王可久梅花百和詩跋》見欒貴明《四庫輯本別集拾遺·舒岳祥》，《全宋文》收入。

歲終，戴表元以三舍法升内舍生。

是年五月，蒙古軍與宋軍戰於嘉定、重慶、馬湖江，宋軍皆潰敗，被俘人民、牛馬及戰艦無算。八月，蒙古軍築環城以逼襄陽。九月，宋將范文虎以兵船二千艘援襄陽，與阿术等戰，敗績。襄樊道絶，糧援不繼。

咸淳七年辛未（1271）　五十三歲

戴表元試禮部，中第十名，五月對策，中乙科，賜進士及第，授迪功郎、建康府學教授。見《戴剡源先生自序》、袁桷《清容居士集》卷二十八《戴先生墓誌銘》。

九月己丑，度宗子㬎生。

是年五月，蒙古會兵加緊圍困襄陽，并用兵嘉定、瀘州，以牽制宋軍。六月，宋將范文虎率蘇劉義等舟師十萬援襄陽，敗於蒙古帥阿术。十一月，忽必烈改國號曰「大元」，取《易經》「大哉乾元」意。《元史》卷七有建國詔。

咸淳八年壬申（1272）　五十四歲

以故人董楷除湖南轉運，應邀將赴湖湘。友人聞訊，有以物相贈者。

《行狀》：「故人董正翁楷除湖南轉運，寓書於公曰：『知先生宦情已薄，尚有意湖湘之遊乎？』公曰：『往時荆溪公守潭，瀟湘岳麓之勝，恨未能一寓目焉。倘有餘緣，當一一訪公舊遊也。』辟書上。」

《閬風集》卷十二《祭董正翁文》：「君漕湖湘，僕滯鄞川。公車上辟，剡薦亟聯。心之懷矣，欲往莫前。」

同年黃震贈以楮衾。《閬風集》卷一有詩《往時予有湖湘之遊，同年黃東發提舉以清江楮衾贈別。藏之四年矣。山房夜寒，覆之甚佳。亂後不知東發避地何處，作此擬寄》，其首句云：「我昔向湘潭，故人貽我別。」又云：「自從離亂來，袍褞罄攘奪。惟此寄僧房，與書俱不滅。」按：黃震（1213—1280）字東發，慶元慈溪人，寶祐四年進士第四甲第一百五人，與岳祥同榜，見《寶祐四年登科録》，故岳祥稱爲「同年」。官至浙東提舉常平。著有《黃氏日抄》百卷以及《古今紀要》、《戊辰修史傳》等，《宋史》卷四百三十八有傳。東發係楊簡（慈湖）門人，崇尚朱子之學，「四明之專宗朱氏者，東發爲最」(《宋元學案》卷八十六《東發學案序録》)。以楮衾惠人，蓋爲當時之時尚。謝枋得詩《謝惠楮衾》有「吴宫金蹙鳳花綾」句，可見製作之精。

友人謝昌元以筇竹杖贈。《閬風集》卷二有《憶筇竹杖詞》詩，序云：「謝敬齋昌元所惠，出入與俱，五年矣。丙子避地留致庵，歸，訪之，已失所在。」蓋此杖失於丙子(1276)之難。由丙子上溯五年，適是咸淳壬申，即贈杖之年也。同書卷四有《哭謝尚書》詩，題下自注云：「尚書在南日，與予厚，有書云：『生死出處，與足下同之。』予往潭幕，君以筇竹杖爲贐，兵後杖失所在。」按：《往時予有湖湘之遊……》詩，據題意所示和「夜來初肅霜」等句看，作於丙子秋冬間無疑；《憶筇竹杖詞》亦當作於丙子之難後不久。從二詩所示楮衾、竹杖收藏或失落之時間，可推知友人相贈之時間當在咸淳八九年間，此亦岳祥受董楷之邀將赴湖湘之時間。因董楷任湖南轉運使未見繫年，難以旁證，故岳祥將赴湖湘之時間，姑作如是推斷。又，岳祥此次赴湖湘，因已有「官人」身分，與三十五歲時赴湖湘依吴子良有所不同，須待董楷上「辟書」，并須得到朝廷同意。從董楷寓書於岳祥，中經岳祥同意赴湘，再至董楷上辟書，辟書受到權奸賈似道阻撓(見咸淳十年譜)必又拖延時間，其間首尾時間過程，約至次年甚或至咸淳十年。今并述於此。謝昌元字叔敬，號敬齋，西蜀資州人。曾任沿海制置司參議官，因家於鄞。仕宋至秘書少監。宋亡，降元北遷，仕元爲禮部尚書，故岳祥以「尚書」稱之。

爲梅林隱士應朝選作墓誌銘。

應朝選字子良，寧海梅林人，隱於杞山，自號杞山翁。岳祥稱其「出處以義，動静以德」，「瀟灑自如，不慕榮利，有陶處士風流」，及葬，爲撰《杞山翁墓誌銘》，載《梅林應氏宗譜》。

七月，王應麟上疏極言邊事，有云：「國家所恃者大江，襄樊其喉舌，議不容緩。朝廷方從容如常時，事機一失，豈能自安！」時朝廷無以邊事言者，帝不懌，賈似道復謀斥逐。（見《宋史》本傳。清張恕、陳僅《王深寧先生年譜》繫此事於是年十一月，張大昌《王深寧先生年譜》據《宋史》本紀、本傳繫於是年七月。）

是年正月辛未，度宗子㬎生。

是年二月，元遷都大都（今北京）。

咸淳九年癸酉（1273）　五十五歲

冬，戴表元赴建康教授任。（據《剡源集·戴剡源先生自序》）

是年正月乙丑，元軍陷樊城；二月庚戌，宋襄帥吕文焕以襄陽降元。

至此，襄樊被圍凡五年，既失，宋國勢危如累卵矣。明陳邦瞻《宋史紀事本末》卷一百六《蒙古陷襄陽》、宋周密《癸辛雜識别集》有《襄陽始末》，述之頗詳。清錢大昕《十駕齋養新録》卷八《襄陽暫復》、《復襄樊年月不同》載襄樊事可備參考。按：當襄樊危急之時，宋廷士大夫諱言邊事（袁桷《清容居士集》卷三十二《翰林學士嘉議大夫知制誥同修國史趙公（與票）行狀》：「咸淳士大夫率耻言邊事。」），獨金履祥獻《牽制擣虛之策》。《仁山集》卷五《文集附編》載章贇《仁山金文安公事略》：「會襄樊之師日急，宋人坐視而不敢救。履祥因進牽制擣虛之策：請以重兵由海道直驅幽薊，則襄樊之師將不攻而自解；且備叙海船所經，凡州郡縣邑，下至巨洋別島，難易遠近，歷歷可據以行。宋終莫能用。及後朱瑄、張清獻海運之利，而所由海道，與先生所上書，咫尺無異者，然後人服其精確。」《元史·金履祥傳》、《新元史·金履祥傳》、明徐象梅《兩浙名賢録·仁山金吉父先生》等，均載此策。當時南宋尚擁有水軍海戰優勢而爲元所不能及，且元重兵集於襄樊，若南宋果行金履祥之策，則宋元軍事形勢，必有重大變化，亦救襄樊之上策也。惟南宋朝廷腐敗已無可挽救，不能用金履祥之策，而終致敗亡。

咸淳十年甲戌（1274）　五十六歲

謝堂與曾淵子辟岳祥爲户部酒所準備差遣，擬共訂《通鑑》。時賈似道當國，以其尚氣簡直，不即用。及命下，徑棄不顧而歸。

《行狀》云，岳祥正在待命赴湖湘時，「會恕齋謝樞密以節度使奉朝請名戚里，好賢下士，欲留公於都共訂諸儒所評論司馬公《通鑑》事，將成一家之作，奏入經筵備講讀。公將從之，曰：『此豈不差賢於數千里從人作吏者乎？ 何惜以此成謝公之美？』乃謂其門人太學劉莊孫曰：『向嘗與子有西湖之約，便當載筆硯書册日就湖中，共成此事可乎？』謝公聞之欣然，風京尹南豐曾公淵子，辟公爲户部酒所準備差遣。賈魏公時當國，以此職爲朝士梯級，賈亦素知公名，嘗欲用爲朝士，以公尚氣簡直，向人不肯作軟媚語，不即用，將盤摺抑挫久困而後用之。命下，意有所不樂，徑棄去不顧。知公者亦莫解其去意，逾年而賈敗，始知公審於去就之義，見機而作也。」按：從「逾年而賈敗」看，事當繫於本年。但考《南宋制撫年表》與《宋史·宰輔五》，曾淵子知臨安時在次年即德祐元年正月乙酉（十三日），至三月庚寅（十九日），因元軍近逼，臨安形勢緊張而潛遁。（《宋史·瀛國公》作二月己巳，即二十八日。）恕齋即謝堂，謝太後之侄。據《宋史》本紀，堂於德祐元年二月丙寅（二十五日）爲兩浙鎮撫大使； 又據《宋史·宰輔五》，德祐元年十二月，堂始爲同知樞密院事。 若以曾、謝任《行狀》所述之職務時間計算，其辟岳祥事當在次年（德祐元年）二、三月間（即二月二十五至三月十九之間）。 如此則與「逾年而賈敗」稍悖（賈似道於德祐元年二月罷平章都督）。 竊以此事繫於咸淳十年爲宜。《行狀》作於宋亡之後（下詳），於曾謝均以仕宋終官稱之，特别是稱「謝樞密」，顯係後來追叙之筆，謝當時并無如此官職； 且若在德祐元年，「逾年」則當爲「逾月」，甚或當月，而當時臨安形勢緊張，乃至戒嚴，岳祥似不可能有與劉莊孫日就西湖研究

《通鑑》之遐想，而咸淳十年（特别是此年上半年），雖元軍已大舉攻宋，然賈似道乃至官僚士大夫諱言「邊事」，粉飾太平，臨安尚有承平景象，日就西湖云云，尚容馳想。綜上所述，姑繫於此。又按：岳祥回鄉後有詩《失題》，自謂出處本有機緣，而自己無心於是，以致這次出仕，無所作爲而歸。詩的前八句云：「山雲如練静，水雲如鶴飛。細觀聚散間，動静皆天機。是物本無心，出處不可期。我亦嘗出岫，不雨竟空歸。」（《閬風集》卷一）

謝堂以銀酒杯相贈，或在此時。

《閬風集》卷二《梅下洗盞酌臺紅感舊》：「我有銀杯何所宜，恕齋惠我前朝得。」自注：「恕齋，謝樞密堂也。」按：岳祥此次離京歸里，與謝堂訣别，國事岌岌，相見無期，謝堂以銀杯贈别，似在人情事理之中，故繫於此。又，謝堂於丙子之難時，爲宋祈請使北赴元都，一去不返，岳祥對此念念不忘，有詩《亂後寄正仲因諗恕齋樞相朔漠音耗》，有「樞相徂沙漠，酸風萬里迷」句。

在臨安期間，曾北遊金陵、京口，觀十年前所書《老椿》屏。

《閬風集》卷八《老椿》序：「京口多此樹。余昔從趙菊坡遊，景韓時在總幕，廳前見此樹。廳有大紙屏，余記其説於屏上。十年後遊金陵，過京口，有總所老吏收藏此屏，紙墨如新。問其故，乃用素紙蒙其上，揭去其蒙，故如新。蓋一時醉後書，今不復記其文矣。大概謂淮楚此樹爲多，最是長大，莊周楚人，故知此樹爲長年也。歸舟曾載得一小根種山園，即今樗木。莊生亦言樗以不材而全，余有取於此也。」按：「昔從趙菊坡遊」云云，當在景定四、五年間，時岳祥在臨安，遊京口，書屏，至此十年矣。參景定五年譜。

由京師歸故里。歸時，買内園緑萼香梅十株，植於篆畦。

《行狀》：「先是，公嘗修葺家園，娱奉二親。臨高眺遠，築亭館臺榭，列植竹樹花果，歲久成陰，於其曲折爲徑如篆文，命之曰篆畦。公既不仕，將於此優遊卒歲，以逸其老。」

《閬風集》卷二有詩《緑萼香梅十樹，咸淳間自内園買歸，亂後尚存，對之感嘆》，同卷《十二月十七日歸故園酌紅梅花下》詩，亦有「舊時都下千金買」句。

歸耕後，親見貧苦農民的艱辛生活，而於詩中寄予深切同情，以《十婦詞》爲代表。

《閬風集》卷三有詩《自歸耕篆畦，見村婦有摘茶、車水、賣魚、汲水、行饁、寄衣、舂米、種麥、泣布、賣菜者，作十婦詞》，記述各類勞動婦女的艱苦生活。如寫種麥婦：「種麥誰家婦，青裙皂角冠。從夫無燥濕，自少習艱難。窠淺愁鴉竊，株成畏馬殘。夜來新得雪，濁盎慰初寒。」寫泣布婦：「婦啼如此苦，吏奪一何豪。尺布不得著，長年空自勞。剥衣聊贖命，覆體不生毛。念欲全家去，乾坤何處逃！」「窠淺」兩句，可見岳祥對農民生活何等熟悉！

是年七月癸未，度宗崩，在位十一年，年三十五。遺詔子㬎即位，是爲宋恭宗，時年僅四歲，太皇太后謝道清（理宗后）臨朝稱制。次年改元德祐。

是年，戴表元在建康教授任。表元喜古文辭，受業弟子數百人。按：孫茀侯《戴剡源年譜》繫袁桷受業於表元始此時。此説似未妥。在此期間，雖然桷父洪（季源）通判建康府，且與表元往來密切，但在袁桷文字記載中，師從表元則在此後。其《清容居士集》卷二十八《戴先生墓誌銘》云：「先生在建康時，先處州（袁洪於大德二年改授處州路同知）通守是邦，朝夕互還往。……後二年，先仕歸剡，遂俾桷事先生。」戴表元「先仕歸剡」時在德祐元年（1275）春，見《戴剡源先生自序》。《清容居士集》卷四十三《祭戴先生》：「戊寅之秋，愚騃無肖，承先子之命以奉灑掃。」戊寅爲至元十五年（1278）。以上記載，可證袁桷師事表元的具體時間是至元十五年戊寅之秋。

是年正月，元君臣議取江南，擬於荆襄順流長驅，用丞相伯顔都督諸軍。

六月庚申，發布征南詔（詔見《元史》卷八），問罪於宋。七月，伯顔陛辭出征。同月，元加封孔子爲大成至聖文宣王，遣使闕里，祀以太牢。九月癸未，元會兵襄陽，分兵三道：一入淮，一趨郢，一徇荆南，伯顔將一軍趨郢州。十二月，元軍渡江，下鄂州。宋江防大亂，詔天下勤王，時文天祥守贛，首先應詔，起兵勤王。

宋恭宗德祐元年乙亥(1275)　五十七歲

見國事已去，遂隱而不出。

《行狀》：「公既不仕，將於此（按指篆畦）優遊卒歲，以逸其老，扶輿策杖，穿幽透深，時與賓友詠歸高堂，講論黃虞，談諷孔老，致足樂也。」

六月初一，日全食，作詩記之。

岳祥至元十四年有《日食》詩，其中回憶德祐元年之日食：「前年六月吉，晝日如煤塗。衆星争光怪，淡月懸天衢。已謂畢生死，不復睹赤烏。」按：《宋史·五行志》：「德祐元年六月庚子朔，日有食之，既，天地晦冥，咫尺不辨人。」同書《天文志》亦載：「德祐元年六月庚子朔，日食，既，星見，鷄鶩皆歸。」岳祥的《日食》詩，忠實地記録了這一天象。（詩見《閬風集》卷一）此次日食，與舒岳祥同時的鄭思肖《心史·大義略叙》記：「六月朔，日食九分有强。」宋遺老所著《宋季三朝政要》卷五亦記：「六月庚（申）〔子〕朔，日有食之，既。是時天地晦冥，咫尺不辨，鷄犬驚歸。」可與舒詩互證。

是年二、三月間，以元軍逼抵建康，戴表元由建康撤回臨安。（《戴剡源先生自序》：「乙亥春，以故歸故廬。」）

十一月，王應麟除禮部尚書兼給事中。至此，應麟凡三入掖垣，上書力辭，不允。時國事已去，而所言不用，遂引歸。

是年初，元軍蔽江而下，連下黄州、江州、池州等地，宋沿江州縣多望風降遁。賈似道出師督軍，擁兵十三萬，金帛輜重、舳艫相銜百餘里，數日始至蕪湖魯港，遣使向元乞和，許以稱臣納幣，不許。元軍進擊，賈似道兵潰而奔揚州。於是元軍連下饒州、建康、鎮江諸地。至三月庚辰，元已得宋江東路府二、州五、軍二、縣四十三。至五月辛巳，元得宋荆南湖北路府三、州十一、軍四、縣五十七。臨安戒嚴，宋臣接踵宵遁，朝中爲之蕭然。二月，賈似道罷平章都督（七月貶循州，九月被殺漳州）。九月，文天祥孤軍入衛，命守吴門。十一月，元軍屠常州（《宋季三朝政要》卷五載屠常州事頗詳）。至本月己卯，元已得宋江西諸郡，計府六、軍四、縣五十六。十二月，宋相陳宜中遣使乞和，見伯顔於平江之長安鎮，元不如約，大兵徑指皋亭山。

宋德祐二年、宋端宗景炎元年、元世祖至元十三年丙子（1276）　五十八歲

春夏間，避地鴈蒼山。嘗爲僧日損詩卷作跋；　遊石林之境，觀石鼓；　遊譚山。

《閬風集》卷十二《跋僧日損詩》：「今春避地鴈蒼，有日損師者歸自白巖，袖編詩相訪。」求岳祥作序。因編首已有友人菊田先生（方岳，字元善，號菊田，寧海人，以詩名世，隱而不仕，見《宋季忠義録》）序，遂爲作跋。末署「丙子閏三月初二日」。岳祥深愛僧日損詩「手中一片攔江網，祇待風平浪静時」、「蓑衣亦有安危慮，水面無波是太平」兩聯。又云：「師氣貌傑然，談論激昂，疑有用才也。顧隱泯汩没於浮屠氏之學，是編乃露其晶熒芒末者耶？嗚呼！崎嶇亂離，相與悲慨唏嘘如此，相逢豈易事哉！」

《閬風集》卷十二《跋劉正仲作潘君石林記》：「丙子春夏間，予嘗行所謂石林之境矣。」按：此石林，在鴈蒼山裏，故《跋》云「時予避地鴈蒼，孤絶無鄰」。此文描繪石林之奇險，實爲一篇優美的寫景散文，文長不録。

作《鴈蒼山石鼓銘》。

銘文在《閬風集》卷十二。石鼓在鴈蒼山裏，《跋劉正仲作潘君石林記》云：「……高巖穹然，常有宿雲其上，皆與紫洞龍湫通一脉。水行其趾，又以石爲底，其凸水面者，盤礴餘五十步，童子以石扣擊，有大聲起如鼓，是謂石鼓山，予嘗與之銘矣。」時岳祥避地鴈蒼，銘中有「我來避地」云云。按：據《嘉定赤城志》，鴈蒼山在寧海縣北三十里，西南連桐柏山，上有石如鴈齒，且色蒼，故名。

避兵天台馬嶴，與戴表元、劉正仲（莊孫）、王達善、胡三省相唱和。

戴表元《剡源集》卷十八《題蕭子西詩卷後》回憶避兵天台時諸人唱和情況：「（戴）平生與丞公（即王達善）倡酬之日，惟避地天台時爲多。又方其時同遊佳朋友皆無恙，舒舜侯在馬嶴，劉正仲在鴈蒼，胡元魯（三省）在硤石，每兵休事定，輒一會合，必有詩。郵急於百返，危韻或乃共和，争奇斗博，下至傳稿生徒，執硯童孺，咳唾相熏，亦有法則。」

《剡源集》卷二十八《俞光遠父子歸馬嶴兼託問訊故舊》，結句有「香巖老人安穩無」，即爲岳祥著筆。香巖老人即指舒岳祥。香巖爲閬風里名山，岳祥有精舍在焉，因借指岳祥。戴表元又有詩《次韻答寄閬風舒先生》，首二句即云：「聞説香巖老，風情不減前。」亦一證也。

其間曾與戴表元同避兵台之硤石。

《剡源集》卷二十九《寄天台舒閬風先生》，自注云：「初，丙子同避兵台之硤石。」又，《剡源集·戴剡源先生自序》：「會兵變，走避鄞郡。」鄞郡，台州也。戴表元師從岳祥，蓋在此時。

愛馬嶴深幽，乃有結茅之意。

《閬風集》卷六《十二月初三日次韻答胡山甫避地述懷，時予有結茅馬嶴之意》，詩中有「此日披榛尋細路，他年買地卜幽齋」、「到此冥心齊物理，藉茅枕石氏無懷」句。《閬風集》卷三《自次前韻酬馬嶴諸老見和二首》是次年將離馬嶴時作，詩中有「故園春早動，歸計莫悠悠」句。

避兵居剡之雪谿，有董生景愈從學。

《閬風集》卷十一《養志堂記》云：「自新嵊溯源而上，至於雪谿」，又云「余因避丙子、己丑之亂兩至其地」，「斯地有德於余者也」。此爲岳祥首次至雪谿。又云雪谿有董生景愈，「學於余者也」，「生字紹孟，今所居屬新昌」。

九月，避地陳村。

欒貴明輯《四庫輯本別集拾遺·舒岳祥〈閬風集〉》有詩《丙子九月陳村避地三絶》，其一云：「黑光磨蕩掩陽精，兵火成霞照夜明。誰信天台山脚下，如今無佛救蒼生。」《閬風集》卷一《十月五日風》避地陳村事繫於十月初三：「去年當此月，初三月未艷。暮下陳村莊，夜投象原店。」蓋避地陳村在九、十月間。

十月，元軍入台州寧海，旋入尚義里，屯兵岳祥宅。十月初三日，岳祥携家風雪中度平坑嶺入馬耳峰，十三日夜，又自中心嶨徙獨山。

《閬風集》卷三《爲胡後山提幹詠南麓古松》，詩末自注：「柴門正當偃松，岸下即田。丙子大兵入尚義里，屯予宅，此樹纖柯不動，疑有神物者護持之也。」卷五《十月初三日追記丙子歲以此日風雪中度平坑嶺入馬耳峰》，有云：「乾坤馬迹滿，風雨鶴巢危。去歲來坑嶺，移家度嶮巇。」卷三有《十月十三日嫩晴薄寒，山房新構書閣，去年此日北兵入，是夜自中心嶨徙獨山》詩，亦回憶之作，中有「去歲那知有，新冬得此生」諸句。

爲屯兵尚義事作「過字韵詩」以誌痛。

詩在《閬風集》卷一。此詩以序代題云：「過字韵詩，辱諸友聯和，方營度枯鄙以酬厚意，偶報北兵自甌閩回，驅男女牛羊萬計，入蛟湖深畯，出獨山，屯尚義，由童公嶺以北，三日夜不休，聞之驚心，遂成閣筆。是月十四夜，對月感涕，遂即前韵以紀時事，奉呈諸友。」詩中有「麥倒桑折枝」、「在者哭空村，吞聲誰敢大」、「川逝痛陵遷，春深悲國破」諸句。

爲葉夢鼎寧海城中別業遭兵火破壞而作《登小山谷》詩。

詩在《閬風集》卷三，序云：「葉丞相城中別業，王梅關之故園也。丙子冬兵火滿地，皆黄花耳。」詩首二句即云：「亭榭隨人事，江山換劫灰。」沉痛之至。

丙子避兵，以蕭照山水畫寄藏崇庵，雖幸存，但蹂踐污損已甚，爲之惻然。

《閬風集》卷九《題蕭照山水》序云：「蕭照山水四軸，得之金陵。縑素朽敗，然林壑縹緲，煙靄滅没之態可見。丙子兵火，以寄藏崇庵幸存，第蹂踐污損，可爲惻然。污此畫者，其桓玄之客歟？何寒具之迹尚存也！……」

在馬坡與友人王達善相遇，爲其《燒痕稿》題跋，并有詩唱和。

與達善之交往，參見四十一歲譜。《跋王達善〈燒痕稿〉》在《閬風集》卷十二。據《跋》，王達善所作詩，「皆毁於五月之兵火」，所餘「殘稿數紙，題曰《燒痕》。」達善「博學浸灌，精思沉鬱」，岳祥與之時有唱和。按：「五月兵火」，是指丙子之難時所致的「兵火」。戴表元詩《碧桃花歌爲王丞作》自注：「丞名子兼，字達善，丙子，家毁於火。」達善家藏萬卷之書亦毁於此火。

避兵期間，艱苦備嘗，且多形諸詩文。

此類詩篇不下數十，僅舉其一例：《閬風集》卷一有詩以序代題云：「丙子兵禍，自有宇宙，寧海所未見也。予家二百指，甑石將罄，避地入剡，貸粟而食，解衣償之，不敢以淵明之主人望於人也。因讀淵明《乞食》詩，和韻書懷，呈達善，亦見達善《燒痕稿》中有《陶公乞食》、《顔公乞米》二帖跋尾也。」

歲末，有詩《新曆未頒遺民感愴二首貽王達善、曹季辯、胡山甫、戴帥初，諸君皆避地客也》、《再和前韻答達善季辯》（均見《閬風集》卷六）等，詩中有「故國山河成斷絶，孤臣江海自飄零」、「兵甲縱橫滿天地，衣冠顛倒走風塵」諸句，亡國之痛見於言表。

宋亡之際，岳祥表示堅持宋遺民立場，不事新朝。

《閬風集》卷一《十月初五日重賦菊》借菊言志云：「此物秉堅正，未怕風霜欺。寧同此身槁，不與清香離。香性自流傳，更過梅花枝。」按：此詩有「兩年無官曆」「人言閏在子」句，閏年在「子」，終岳祥之世，祇有德祐二年丙子，是年閏三月。在正常情況下，朝廷一般當於十月頒布來年的官方曆書，稱爲「頒曆」，又稱「頒朔」、「頒正（讀平聲zhēng）」。德祐元年（1275）初，元軍大舉攻宋，至十月，南宋王朝已救死不迭，何暇「頒曆」？德祐二年二月，南宋朝廷滅亡，更無十月頒曆之可能。如此，則「兩年無官曆」矣。以上可證此詩作於德祐二年丙子。又，此時，岳祥所説的「官曆」，僅指南宋朝廷所頒布者，而不尊奉元朝的「官曆」（元朝的「授時曆」在至元十七年冬完成，而於十八年正月執行），《閬風集》卷六《再和前韻答達善季辯》有「桃源自昔無秦曆」可證。又按：宋亡之際，元朝全力於軍事進攻，無暇思想統治，故岳祥等遺民尚可慷慨悲歌，表達其遺民立場；至元朝統一中國，實行民族高壓政策，文網日密，岳祥等只能以酒澆其胸中塊壘，而噤若寒蟬矣。如其詩《客好》（《閬風集》卷一）：「酒盡當復沽，言論自顛倒。萬事皆可談，慎勿談世道。」《巖間宴坐》（《閬風集》卷一）亦云：「我當大悶時，一嘯來清風。」即使「大悶」，也祇能「一嘯」而已；《示兒》（《閬風集》卷七）亦囑兒輩「有口勿言唯飲酒」。

是年正月丁卯朔，宋廷遣陸秀夫等至元軍中見伯顏，求稱侄（乃至侄孫）納幣，乞和，不從。（《元史》繫於至元十二年十二月庚子，此從《宋史》。）是日，元軍克潭州，旬日間，湖南州郡相繼降，元計得宋湖南之府一、州六、軍二、縣四十。辛未（初五），宋廷遣監察御史劉岊奉表稱臣，上大元皇帝尊號曰「仁明神武皇帝」，歲奉銀絹二十五萬，乞存境土以奉蒸嘗。甲申（十八日），元兵至皋亭山，距臨安僅三十里。宋遣監察御史楊應奎等上傳國璽及降表（表見《宋史》，不録）。是夜，宋丞相陳宜中遁。丙戌（二十日），文天祥使元軍，見伯顏，詞氣慷慨，被執。二月辛丑（初五），宋帝后率百官拜降表於祥曦殿，詔諭郡縣使降。元使者入臨安，封府庫，收史館、禮寺圖書及百司符印、告敕，罷官府及侍衛軍。（《元史·伯顏傳》伯顏給元世祖的拜賀表稱：「其宋國主已於二月初五日望闕拜伏歸降訖。」確定宋降元的具體時間爲至元十三年二月初五日。）壬寅（初六），宋廷遣賈餘慶、吴堅、謝堂、劉岊、家鉉翁充祈請使，北上使元。丁未（十一日），元世祖發布《歸附安民詔》。至二月辛丑，元得宋兩浙路府八、州六、軍一、縣八十一。至同月戊午，元得宋淮西路府二、州六、軍四、縣三十四。三月丁丑（十二日），宋帝后羣臣被執北赴元都，唯太皇太后謝氏以疾留臨安。（「無何，元人舁其床以出，侍衛七十餘人同赴燕。謝緒大慟，題詩二律畢，赴水死。」見明錢士昇《南宋書》卷五十九。謝緒，謝太後族人，《南宋書》卷五十九有傳，又見《東山志》卷七。）五月丙申宋帝后朝於上都（《元史》作五月乙未朔），宋帝㬎降封開府儀同三司瀛國公。七月，宋揚州、泰州、通、滁、高郵等地相繼降元。至九月辛酉，元得宋江淮及浙東西、湖南北等路府三十七、州一百二十八、關一、監一、縣七百三十三（《元史·伯顔傳》同）。

元朝廷詔修《平金録》、《平宋録》（劉敏中奉詔修）、《諸國臣服傳》。另有《伯顔平宋録》，錢大昕《補元史藝文志》注云：「不知撰人，或云平慶安作。」按：倪燦、盧文弨《補遼金元藝文志》作劉敏中作。

元軍迫近臨安之時，度宗之庶子益王昰、廣王昺走婺州、温州，閏三月，陳宜中、陸秀夫、張世傑等奉昰爲天下兵馬都元帥，昺副之，開府温州，起兵圖恢復。五月初一，益王昰即帝位於福州，是爲宋端宗，年僅八歲，改元景炎，昺改封衛王；陳宜中爲左丞相，李庭芝爲右丞相，張世傑爲樞密副使，陸秀夫簽書樞密院事，不久，文天祥逃歸，被任爲右丞相兼知樞密院事，都督諸路軍馬。九月，元軍分道進擊閩、廣。十月初一，文天祥將兵入汀州。十一月十五日，昰入海，繼而移潮州，十二月二十五日，次甲子門。

宋景炎二年、元至元十四年丁丑（1277）　五十九歲

避亂始至省坑存思庵。

自此至至元二十六年己丑，岳祥避亂凡四至存思庵。《閬風集》卷三有詩《七月望日避地省坑存思庵留題……予念自丁丑之亂至此，凡三避矣……》，同卷有《己丑正月避地鹽楹入省坑存思庵和舊韵》，首二句云：「到此於今四，情深即故鄉。」己丑，至元二十六年（1289）。

春晚還致庵，即所謂龍舒舊隱，痛惜藏書盡毁於兵火。喪亂之餘，轉盼明年安泰。

《閬風集》卷九有《春晚還致庵》詩，首二句云：「亂後還山喜復哀，舊書亡失等秦灰。」卷五《二十四日還龍舒舊隱》有云：「今朝歸小隱，鄰里喜還悲。亡國誰修史，遺民自采詩。」又云：「見説寅年泰，冥心待運移。」自注云：「民謡有虎嘯太平年之句。」本年爲丁丑，牛年；明年即戊寅，虎年，因轉盼明年安泰。按：龍舒山，或稱龍鬚山，即香巖，岳祥隱居之處。參見六十歲譜。

踏莎有感，成《踏莎偶成三首》，憶及丙子兵災，猶驚悸不已。

詩在《閬風集》卷三，其三有句云：「去年真可怕，戎馬暗山川。」知詩作於是年。

六月二十八日曝書龍舒山致庵，見所藏蕭照山水畫，人與畫爲之相唁，作詩《題蕭照山水》四首。

詩在《閬風集》卷九，序云丙子避兵火，將此畫寄藏崇庵。（事見五十八歲譜）序又云：「丁丑六月二十八日，曝書龍舒山致庵，拂拭泥滓，人與畫爲之相唁也。」

八月九日，感慨於丙子兵禍，成絶句三章。

詩在《閬風集》卷八，詩以序代題云：「丙子兵禍，台温爲烈。寧海雖經焚掠，然耕者不廢。丁丑粗爲有秋，但種秫者少，以醉人爲瑞物。吾亦似陶靖節時或無酒，雅詠不輟也。八月初九日連日雷雨，溪路阻絶，山房岑寂。此夕初霽，濁酒新漉，數酌竟，步秋樹陰，潭魚可數，望前峰老楓數十株已無色，白鳥飛翻去來，是中有惠崇大年筆。家人遣兩力來迎，因倒坐籃輿而歸。人或問之，戲答曰：『吾日莫途遠，故倒行也。』記以三絶。」其詩之二有「傷今兵亂後，人醉不如楓」，之三有「興亡誰與吊，聊復快新晴」句。

中秋，深憶童稚時得月中桂子事，作《月中桂子記》。

文在《閬風集》卷十一，有云：「今年五十九，對月悵然」、「每遇中秋月明，輒憶此事」，知爲是年中秋作。《全元文》此篇題下徑注：「至元十四年。」當爲編者所加，非岳祥筆也。《全元文》、

《全宋文》有作如此徑注者，皆此類。

詩《八月十九日得董正翁寺丞書，兵疫後城中故舊十喪八九，愴懷久之，顧我已多幸矣》約作於是年。

詩在《閬風集》卷三，結云：「山城詢故舊，十九是丘墟。」兵後慘象，爲之黯然。

九月十五日，作《王可久梅花百和詩跋》。

《跋》見欒貴明輯《四庫輯本別集拾遺》，《跋》末署時「丁丑九月十五日書」。按：岳祥一生所歷之丁丑，僅有此年，即至元十四年(1277)。水北王可久和甲峰周敬翁《梅花百詠》，請岳祥品評，岳祥因作此《跋》，認爲「《百詠》不易也，《百和》尤難也」，「今《百和》矩於步，域於區，嶮而舒，迫而徐，凝思於枯寂之餘，覃精於淡泊之初，蓋難之難也。」此《跋》作於改朝換代之際，岳祥已誓爲宋遺民，因而鼓勵王可久亦堅持宋遺民立場，故《跋》末云：「然予竊有感焉者，今孤山豈咸平比哉？而水北之人，掬香嬲影，引吭吟哦，困頓不自休，又難於和靖矣，不獨難於敬翁也。雖然，風霜凌轢，萬木死灰，梅不以是易操也，子其似之！」蓋因時而興感也。

十月初一，日食，爲作《日食》詩，曲折地表達了對宋流浪王朝前途的憂慮。

《元史·天文志》：至元十四年，「十月丙辰(初一)，日有食之。」岳祥因作《日食》詩：「十月初吉日，四野聞驚呼。停杯出門看，日食將無餘。有如黑漆盤，來掩白玉盂。自午而及申，磨盪未還初。父老涕泗語，便恐天眼枯。……今胡久淪厄，翳昧不可祛。……以日誘敵國，不君良可吁。茲辰爲誰食，無路攄臣愚。太陽萬萬古，少待收桑榆。」（《閬風集》卷一）詩中回憶了「前年六月吉」的全日食，見五十七歲譜。

十月初吉，作詩以序代題云：《子瞻在惠州，以十月初吉作重九和淵明己酉九月九日韵；余去年以此日奔避萬山，今日則有間矣。有野人饋菊兩叢，對之嘆息，因繼韵陶蘇之後》。

詩在《閬風集》卷一，中有「去年十月吉，四山戎馬交；携家走萬壑，唯恐草莽凋」諸句。岳祥避兵，曾出入於童公、黄甘二嶺。《閬風集》卷二《出入二嶺行》云：「問君何事經二嶺，辟寇辟兵探絶境。」亦「奔避萬山」之一例也。

作詩《十月初三日追記丙子歲以此日風雪中度平坑嶺入馬耳峰》。

詩見《閬風集》卷五。參見五十八歲譜。

作五言長詩《十月五日風》，回憶去年（丙子）十月避兵之艱險。

詩在《閬風集》卷一，詩中頗多言及兵亂流離之苦。中有「去年當此月，初三月未艷。……時經兵火餘，驚問暗窺覘」諸句，據此意，詩當作於是年十月。

十月十三日山房新構書閣，因作詩憶去年此日避兵事。

《閬風集》卷三有詩《十月十三日嫩晴薄寒，山房新構書閣，去年此日北兵入，是夜，自中心畧徙獨山》述其事。

十一月十六日，作《跋王槼孫詩》。

見《閬風集》卷十二，文末署：「丁丑十一月十六日。」王槼孫字叔範，宋末攻舉子業，宋亡，於篆畦旁開蒙館，課童子，暇則自課其詩，積成一編，請岳祥爲序，岳祥乃爲作此《跋》。文中述及當時遺民知識分子彷徨不安、無所適從之心態云：「自京國傾覆，筆墨道絶，舉子無所用其巧，往往於極海之涯、窮山之巔，用其素所［習］對偶聲韵者變爲詩歌，聊以寫悲辛，叙危苦耳，非其志也。」又自述其遭遇云：「予久逃空谷，歲且再易。歸檢故畦，花殘藥墮，已爲樵牧之場、猿狙之徑矣。」復述讀書人的遭遇云：「方科舉盛行之時，士之資質秀敏者，皆自力於時文，幸取一第，則爲身榮，爲時用，自負遠甚。惟窘於筆下無以争萬人之長者，乃自附於詩人之列，舉子蓋鄙之也。今科舉既廢，而前日所自負者，反求工於其所鄙，斯又可嘆也已！」

十月十九日，作詩《次韵正仲秋晚感興》，憂懼咸淳、德祐故老事蹟無傳。

詩在《閬風集》卷六，序云：「每得正仲秋篇，必先鋪叙所見聞，不必左史倚相之讀墳典也。蓋古事已有傳之者，而新聞就泯，吾懼無述焉。倘因此而增長之，則咸淳、德祐故老所傳，猶可一二不没也。十月十九日。」詩云：「舉頭無路見長安，十月江南有朔寒。巖瀑飛來雲影濕，溪霜著處葉聲乾。相思一夜心先醉，欲話前冬鼻已酸。愛爾和詩添記事，愁來時解錦囊看。」按：「前冬」，丙子也，是年十月，元軍入台州寧海，又入尚義里，屯岳祥宅，岳祥携家風雪中逃難至馬耳峰。

冬，元軍屠仙居，因作《俘婦詞》以記之。

《閬風集》卷三有詩以序代題云：《去年大兵入台，仙居幸免，今冬屠掠無噍類，衣冠婦女相隨俱北，聞而傷之，作俘婦詞》。詩云：「初謂無兵禍，那知酷至斯！相看不敢哭，有死未知期。兒向草間没，夫隨劍口離。琵琶猶帶怨，況是作俘累！」

五十九歲初度，時已有五子三孫，作《自壽》詩。

詩見《閬風集》卷二。其自述當時生活狀況云：「閬風老人五十九，白頭饑凍荒山走。偶然脱命得生還，閭里相看驚老醜。今朝初度最可憐，五子三孫在眼前，老妻欲作無麵餅，問訊鷄孃渠未肯。海水潮小未登魚，霜後黄柑亦自疏。窮人作事天不與，只有紅梅相媚嫵。爲渠一笑買村酤，老夫自歌稚子舞。明年六十更可歌，大亂不死奈我何！」

除夕，作《守歲行》。

詩在《閬風集》卷二。詩中有「去年除夜各走險，荒村千里無人煙」句，知爲是年除夕作。

是年，袁桷始受業於王應麟，時桷十二歲，隨衆習句讀而已。事見元孔齊《至正直記》卷四《四明厚齋》：「國初袁伯長、孔明遠、史果齋，嘗登（厚齋）門請教者惟三人焉。明遠諱昭孫，時爲慶元儒學教授，時伯長方十二年，不過隨衆習句讀已耳。」按：厚齋，王應麟；袁伯長，袁桷也。孔齊曾避居四明，故熟悉四明人事掌故，《至正直記》即成書於四明，頗多涉及王應麟、戴帥初、袁桷事。又，袁桷《清容居士集》卷四十三《祭王尚書》：「桷以蒙昧，請業門下，反復可教，授以端緒，有疑必開，有謬必舉。」錢大昕《深寧先生年譜》繫此事於至元二十四年（1287），且誤將桷之曾祖韶作桷之父。不取。

戴表元於兵定後歸鄞，家素貧，兵火之餘，衣食益絶，乃專意讀書，授徒賣文，以活老稚。參見《剡源集·戴剡源先生自序》。

是年正月，文天祥走漳州。二月，元軍入廣州，廣東諸郡皆降。三月，文天祥取梅州。至本月辛卯，廣西二十四郡并已降元。四月，文天祥取興國縣。五月，張世傑將兵取潮州；文天祥提兵自梅州出江西入會昌縣。淮民張德興亦起兵殺元太湖縣丞張德顒，據司空山，攻下黄州、壽昌軍。六月，文天祥兵敗興國，甲申（二十七日），天祥至空坑，兵盡潰，遂挺身走循州，諸將被執。（兵敗空坑事，《昭忠録》誤作八月十七日。）九月，元兵入大庾嶺。十一月，元軍破興化，屠城，三時乃止。宋端宗趙昰由潮州之淺灣走秀山，十二月二十二日至井澳，元軍襲井澳，端宗奔謝女峽，颶風壞舟，幾溺死，遂驚成疾。

宋景炎三年、宋帝昺祥興元年、元至元十五年戊寅（1278）　六十歲

立春日，作《解梅嘲》，抒發亡國之痛和對故國的忠貞。

詩見《閬風集》卷二，中有「閬風自是可憐人，六十年來逢立春。安危治亂幾番見，到此三年哭斷魂」諸句。是年岳祥六十歲，而丙子之難至此亦三年矣。詩中極言亡國之痛，如云梅花「向人帶笑復含嗔，嗔我今爲異代民」，「我語梅花勿嗔笑，四海已非唐日照。爾花也是易姓花，憔悴荒園守空嶠」，又云：「我是先朝前進士，賤無職守不得死；難學夷齊餓首陽，聊效陶潛書甲子。」結尾對投靠新朝者予以尖鋭嘲諷：「更有横金拖紫客，臨危不死穩藏身！」

五月十九日作《跋陳苣自畫梅作詩》，不勝今昔之慨嘆。時避居香巖。

文見《閬風集》卷十二，末署「戊寅五月十九日」，文中有「邇來避地香巖」句。按：香（或作薌）巖，《閬風集》卷九《詠龍》詩序云：「予先人墓在香巖。有湫二，湫常現一龍，時顯時隱。世傳古有樵人見有老人坐石上，近之則隱。又嘗有兩龍鬚現水中，大如象鼻，水沸激而上，復流湫中，水不盈也。因號其山爲龍鬚山。今名龍舒，以下多舒姓也。」岳祥祖上曾住香巖水石村。方泳道挽拙齋詩有「人哭台明界，天昏水石村」句，岳祥因作詩有「舊住薌巖水石村」句，見《閬風集》卷九。香巖有「致庵」，爲岳祥之「龍舒舊隱」。岳祥在此有不少詩文之作。此跋，寫梅通過今昔對比，悵然有感於心，從而抒發家國今昔之慨：「見梅山此軸，忽憶承平盛時，行孤山之麓，沿馬塍之隅，

朝觸雪而往，暮踏月而還，所見梅，往往聯跗疊袂，拗枝摺幹，嫣然入宮苑，標律，非三家市上籬落間物也。又移百梅於平皋之上，橋斷岸絶，蹇驢策策，風戟戟吹面，翛然獨往，香低影壓，自有一種瘦硬風格。邇來避地鄰巖，石磴數梅，出於瀟風晦雨摧剥之餘，泯默相喑，意趣慘淡，非前時比矣。……」又，岳祥有詩《老梅》（《閬風集》卷九）云：「已經和靖吟半樹，又入花光畫折枝。此語便經三百載，此梅又閲景炎時。」似亦因此而作，末句直書「景炎」年號。

詩《鄰巖山居孟夏二十絶》約作於此時。

見《閬風集》卷八，詩中寫孟夏山居之所見所感，詩境深幽静寂，如「鐘聲澄萬室，月影散千林。岑寂巖棲客，應觀不轉心。」「幽鳥時一啼，前峰晚來翠。人語慘淡中，復向煙雨外。」亦偶發亡國之音：「新國苦長役，遺民懷故鄉！」

作《烏鹽角行》詩。

見《閬風集》卷二，中有「山花如火遮眉目，吹此田家太平曲。三年不聽此曲聲，卷却地皮人痛哭」句。「三年」，謂丙子至戊寅也。「卷却地皮」，謂元滅宋，據有其土地也。

感於世亂，因羡漁家之樂，作《漁父》詩。

《閬風集》卷六有詩以序代題云：《七月十五日競傳有鐵騎八百來屠寧海，人懼罹仙居禍，僦船入海，從鴟夷子遊；余在龍舒精舍，事定而後聞之，幸免奔竄，深有羡於漁家之樂也，作〈漁父〉

一首》，首二句即云：「年來避世羨漁郎，全載妻兒雲水鄉。」又有「欲逐鴟夷江海去」云云，可見時人在國亡之際的驚恐情狀。

見木芙蓉盛開，作歌紀之，自述愛花情結。

《閬風集》卷二有七古《平皋木芙蓉千株，爛然雲錦，醉行其中，如遊芙蓉城也，作歌紀之》。詩中有「老我逢花六十秋」句，且木芙蓉（拒霜）深秋開花，知此詩爲是年秋作。詩中有「平生愛花入骨髓，白頭出没與花似」句，可見其愛花之甚。末云：「未喫太平一杯酒，歲歲花開伴白頭。」亦傷亂憂時之作也。

八月，作《劉士元詩序》，提出「詩貴成，成貴專」等詩歌理論。

文在《閬風集》卷十，末署「戊寅八月」。《序》云：「詩者，言之最精也」；「不專則不成也」。又列舉寧海詩流如菊田方元善、石城王與義公矩、冰壑王惟明公猷、閬風劉培之茂實、南峽胡蜚英俊父以及蕭中父道嵩，皆是「專且成者」；又評劉士元詩云：「予與劉君士元卿月，居同里，知其力於吟甚。又其所作，如平林遠水，翳然幽蔚，致有佳趣，豈非專且成者乎？」至於《序》中所提出的反對拘窘、模擬，亦詩家之法程也。

秋，作《樂神曲》。

詩在《閬風集》卷二。詩中有「前年軍過鷄棚空」句，知爲是年之作；又有「污田稻子輸官糧，高田豆角初上場」、「農家報本兼祈禳」諸句。古人本有春日祈農之祭，後有春祈秋報之説，乃立秋社之祭，以酬土神。由此可知此詩爲秋社祭神祈禳之作。詩於結句處對元朝廷歲徵白銀迫害農民予以抨擊：「巫公巫公告爾神，産穀不如多産銀。驢載馬馱車碌碌，免斫柘條行箠撲！」

九月，作《俞宜民詩序》，提出以「真識」、「正氣」評詩之理論。文中對科舉亦予痛斥。

文在《閬風集》卷十，末署「戊寅九月日」。《序》云：「作詩難，評詩尤難也。必具真識而後評之當，必全正氣而後評之公。」「非有真識，不能以知人；非有正氣，易至於失己。」以此標準而論俞詩，以爲「君詩如幽巖乳竇，時下涓滴；疏蕊被人，微聞香度。雖然，思尚遠而語尚近，神貴藏而色貴茂。」至於論及以科舉而取得顯仕富貴之人不能評詩，則曰其人「真識懵然，夫以科舉寸晷之長，獵取顯仕，一生學問不出是矣，安能劑量詩人之銖兩也」。俞宜民，寧海馬峰人，岳祥避地香巖，俞宜民「數相過，必爲予出其所作，請予評之」，故有是《序》。

九月望日作《劉正仲和陶集序》，對和陶詩提出「和陶而不學陶」和「借題以起興，不窘韵而學步」的觀點。對陶詩文有獨到解釋。

文在《閬風集》卷十，末署「戊寅九月望日」。《序》云：「梅林劉正仲，自丙子亂離崎嶇，遇事觸物，有所感憤，有所悲憂，有所好樂，一以和陶自遣，至立程以課之。不二年，和篇已竟，至有一再和者，盡橐以遺予。予給味之，其體主陶，其意主蘇（軾）。特借題以起興，不窘韵而學步。於流離奔避之日，而有田園自得之趣；當偃仰嘯歌之際，而寓傷今悼古之懷。迫而裕，樂而憂也，其深得二公之旨哉！」按：《序》中對陶詩文與蘇軾和陶詩之理解，均有獨到處。如謂「淵明自言性剛才拙，與物多忤。然其詩文無一語及時事，縱横放肆，有芒角不露，故能名節凛然，而人莫測其涯涘。《歸去來》之作，人謂其耻爲五斗米折腰耳，不知是時裕之威望已隆，淵明知幾而去之，此燔肉不至之意也」。又謂蘇軾和陶詩「和陶而不學陶，乃真陶也」。

時事日變，驚魂未定，有感而作《感懷》諸詩。

《閬風集》卷六《感懷》詩，中有「百年猶有四十在」句，知爲六十歲時作。首二句即云：「時事傳來日日新，信疑相半向誰詢。」又有「多雨多愁過却春」、「花前難買自由身」諸句，惶惑而感傷也。

葉夢鼎卒，爲作挽歌慟哭。

《閬風集》卷三有《少師丞相國公西澗先生挽歌二首》。西澗，葉夢鼎號，台州寧海人，岳祥同鄉，咸淳間官至右丞相兼樞密使，進封信國公。夢鼎立朝剛正敢言，賈似道當國，動輒相左，引疾歸。端宗即位，召爲少師，以海道梗阻，不能赴任，南向慟哭而返。《宋史》有傳。該詩既悼其人，又悼其國。其一有「道喪悲歌鳳，時乖嘆卧龍。經綸兹日泯，憂愛與身終」句。其二云：「咸淳無正史，德祐少完人。他日修公傳，終身作宋臣。淵明還死晉，商皓本逃秦。壯士元無淚，西風自濕巾。」

妻父王昺即窆，因作《祭妻父王公文》。

文在《閬風集》卷十二，有云：「我年十七，爲公之婿；年三十二，哭公之逝；今既六十，公始即窆。」窆，墓穴也。

避兵期間，曾寄居於袁洪家。

全祖望《胡梅礀藏書窖記》：「宋之亡，四方遺老避地來慶元者多，而天台三宿儒預焉。其一爲舒閬風岳祥，其一爲先生（按：指胡三省），其一爲劉正仲莊孫，皆館袁氏。時奉化戴户部剡源亦在其中，與閬風、正仲和詩最富。」袁洪之子桷從學戴表元當在此時，見《清容居士集·祭戴先生》。桷從學岳祥亦約在此時。「皆館袁氏」是袁桷轉益多師的最佳條件。按：全祖望的這段叙述，是綜而言之，此數人并非皆同時「館於袁氏」，舒、劉、戴約同在此時，胡三省稍後，約在甲申、乙酉歲，亦見《胡梅礀藏書窖記》。又，袁桷《清容居士集》卷四十三《祭胡梅礀先生》：「甲申歲，先生出峽，訪先子於城南，桷時弱冠氣盛……先生微機以抶之，再而赧，三而竭，垂頭却立，畢志以請業。」又按：孫茀侯《戴剡源年譜》將戴表元與岳祥等避居袁洪家，繫於至元二十一年甲申，但無確據，謹記於此，俟考。

是年正月，元軍夷廣州，張世傑攻雷州。二月，元軍破潮州，屠其城。三月，文天祥復惠州，宋轉運判官王道夫復廣州； 端宗昰遷硇洲(在今廣東雷州灣外硇洲島)。四月十五日，端宗以驚疾崩，年十歲； 同月十七日衛王昺即位，年僅七歲，五月初一改元祥興。五月至六月，宋軍與元軍戰於雷州。六月初七，帝昺遷崖山(在今廣東新會南)。十月，宋將趙與珞、謝明、謝富守瓊州，與珞拒元軍於白沙石。閏十一月初一，王道夫棄廣州遁。十四日元軍入廣州。十二月初四，王道夫再攻廣州，兵敗被執。十五日，文天祥移屯趨海豐，二十日兵敗被執於五坡嶺(在海豐縣北)。

按： 文天祥被執時間，《宋史·瀛國公》繫於至元十五年十二月壬寅(二十四日)，《元史》繫於閏十一月甲子(十五日)； 但文天祥自撰《紀年録》、宋鄧光薦《文丞相傳》、元劉岳申《文丞相傳》、無名氏《昭忠録》乃至明胡廣《文丞相傳》，均作本年十二月二十日，從之。

是年十二月，元總管江南浮屠楊璉真伽發會稽宋帝后陵墓，毀屍竊物，又裒諸帝遺骸建白塔於杭故宮，曰鎮南，以厭勝之。按： 楊髡發宋陵之時間，其説分歧，主要有二説，一説在至元二十二年乙酉(1285)，主其説者如周密《癸辛雜識》續集上和別集上《楊髡發陵》，惟多出傳聞，且頗有誤記。一説事在至元十五年戊寅(1278)，主其説者如張孟兼《唐珏傳》、羅有開《唐義士傳》、陶宗儀《輟耕録》等。唐珏(另有林景熙等)親睹發陵慘事，并冒死將宋帝后陵骨收葬，種冬青樹爲識。支持至元十五年戊寅説的還有一條有力證據，即謝翱(字皋羽)《冬青樹引別玉潛》(玉潛，唐珏字； 謝翱，珏之故人)「知君種年星在尾」句，張丁(孟兼)注謂「星在尾者，歲在寅也。」黃宗羲《冬青引注》注此句云：「尾在析木之次，謂葬年是戊寅也。」又云：「發陵之年，羅靈卿（有開）云戊寅十二月十二日，孟兼亦同之。而貝瓊《穆陵行》以爲至元二十一年，周密以爲二十二年八月，則是甲申乙酉也。陶九成（宗儀）謂元下江南，丙子至乙酉立國十載，法制已明，安得有發陵事？雖辨其非乙酉，然無確據，何不以是詩爲證也？況皋羽作此在丙戌（至元二十三年），若是乙酉，則相去不及一年，其事方新，不如此爲追憶之詞矣。」萬斯同《書林唐二義士詩後》亦謂「發陵之事，確在戊寅年。……今以謝皋羽《冬青樹引》『知君種年星在尾』考之，其爲戊寅無疑，戊寅則至元十五年也。」夏承燾《周草窗年譜》附録二《樂府補題考》據以考定發陵事在本年，并據畢沅《續資治通鑒》作本年十二月，詳見其説。又據《元史》卷十七載：「楊璉真加重賂桑哥，擅發諸陵，取其寶玉。凡發冢一百有一所，戕人命四，攘盜詐掠諸贓，爲鈔十一萬六千二百錠，田二萬三千畝，金銀珠玉寶器稱是。」對此凶惡之徒，「省臺諸臣乞正典刑，以示天下」，但「帝（元世祖）猶貸之死，而給還其人口土田」，且以其子暗普爲江浙行省左丞。後「以江南民怨楊璉真加，罷其子江浙行省左丞」。又按：楊髡發陵事是元初重大政治事件，影響惡劣，流毒江南。周密《癸辛雜識》續集上《楊髡發陵》載楊髡發陵後，「因此江南掘墳大起，而天下無不發之墓矣」。舒岳祥《閬風集》卷十二《故孺人王氏墓誌銘》亦載：「婺寇作，台剡鄰境，民生荼毒，三尺之墳，無不椎埋暴露。」

宋祥興二年、元至元十六年己卯（1279） 六十一歲

正月，作七古《蠟梅詠》，借物寫志。

詩在《閬風集》卷二，題下自注云：「己卯正月。」按：岳祥一生歷兩個「己卯」，出生於己卯，此又一個己卯，詩必作於本年。此詩意在寫志，有云：「不是案頭乾死螢，不是營營蠅止棘；朝陽熠熠泛崇光，黄露溶溶蜜滿房；柔梢不入嬋娟鬟，道韵偏宜冷淡妝。與梅同時喚作梅，風味甚似枝葩非。若將形色定品格，何得江珧比荔枝。」時在崖山陷落前一月，南宋舊臣紛紛倒向新朝，而岳祥則獨抱孤貞，不向新朝投降。

晚春，戴表元有詩《寄天台舒閬風先生》，岳祥因作詩酬答。

戴詩見《剡源集》卷二十九。孫茀侯《戴剡源年譜》繫於此年，從之。詩云：「嶺雲盡處是台州，有個詩翁住下頭。不寄一書春又晚，相思百里水空流。新踪凍合鶯雛谷，舊夢花迷燕子樓。聞説道旁烽燧急，定應重作峽中游。」岳祥和之，作《試楊日新筆次韵答戴帥初》：「聞爾又歸青嶂住，四明西畔越東頭。山當籬外偏環屋，水到門前總合流。得句苦遲難附置（自注：置，傳書郵舍也），懷人不見更登樓。掃除兒女相思話，好作閬風十日遊。」（《閬風集》卷六）約帥初遊閬風，亦可見二人患難中結下的友誼。

十二月望日，作《王任詩序》，提出「詩必有家，家必有世」的觀點。

《序》在《閬風集》卷十，末署「己卯十二月望日」。按：王任，寧海詩人，岳祥門人。此《序》推

原任詩之源流脉絡，來自其曾祖雲壑先生王齊輿。《序》云：「乾淳間，有雲壑王公齊輿，以科第起家，至列卿，晚歸林泉，詩足以自適，其體亦盛時前輩作。今其曾孫任，復自力於斯道，渢渢乎大篇，幽幽乎短章，信有其祖風焉。於其祖殘筆墮墨凡在者，皆振拔之以傳焉，將以其己作翼之以行也。」岳祥認爲，「其祖傳焉，己可行也；其己行焉，祖可傳也」，這便是「詩且家矣，家且世矣」。又按：王齊輿字之孟，紹興庚辰（1160）進士，歷知鄂州，提點東川刑獄，宗正少卿，終直焕章閣致仕。《嘉定赤城志》有傳，岳祥有《宗卿雲壑先生文集序》，王任則借《閬風集》以傳。

爲戴表元移居剡源之榆林，作詩《喜帥初歸剡》，勸表元隱居。

詩在《閬風集》卷三，詩云：「吴客多流越，君尋古剡歸。民貧官箠急，歲歉米船稀。嶺鹿三丫入，溪鱸一尺肥。榆林知可隱，安得翅能飛。」按：是年初，表元買剡源榆林地築廬定居焉。《剡源集》卷五《小方門戴氏居葬記》：「兵毀無所歸，己卯，竟歸剡源張村東二里許榆林。」《戴剡源先生自序》：「鄞居度不可久，遂買榆林之地而廬焉。」又詩《己卯歲初葺剡居》，末二句云：「翻笑古來逃世者，標名先製隱衣巾。」流露出隱居於此之意。又，先是，岳祥盼表元歸剡，有詩《春日懷帥初》，末二句云：「懷人不可見，應棹剡船回。」（《閬風集》卷三）比至歸剡，乃有《喜帥初歸剡》之作。

是年正月十三日，元張弘範舟師直造崖山；二十二日元李恒兵亦至崖山。二月六日，張世傑與元張弘範、李恒殊死戰於崖山。世傑兵潰，死溺者數萬，世傑以數舟奪港而去，宋崖山行朝陷，陸秀夫負帝昺蹈海死，宫人及諸臣多從死者。已而世傑亦自溺死。宋亡。按：宋亡時間，《元史》繫於至元十六年（1279）正月甲戌（二十六日），其記事籠統（從張弘範追兵抵崖山至宋亡，統繫於正月甲戌），與實際情況不符。龔開《陸君實傳》、周密《癸辛雜識・續集上・二王入閩大略》、《宋史・瀛國公》，皆作本年二月六日，且記事詳細，從之。又按：以宋亡於祥興二年（至元十六年）即公元1279年，後世史家從之者頗多，如明錢士昇《南宋書》即以宋亡於祥興二年二月癸未（初六），該書卷六末云：「宋自建隆自是，凡三百二十年而亡，是年乃至元十六年也。」又有人認爲宋亡之時間，宜從德祐二年（1276）正月結算。是年正月十八日，宋奉表降元，從而結束了宋朝的執政權力。或從是年三月結算，是時宋朝席卷北去，宋朝廷不復存在。畢沅《續資治通鑑》即以是年三月爲斷限，而四月之紀年，則屬於至元十三年矣。

是年十月初一，文天祥被執至燕京。

元至元十七年庚辰（1280）　六十二歲

元旦試筆詩，感慨光陰流逝，故人不全。

《閬風集》卷三《庚辰元旦試筆》，有「數我初生歲，今爲第二年。光陰六十過，行輩幾人全」句。

正月初七，作《陳儀仲詩序》，主張作詩「不爲搜抉過苦之態，而有平易自得之趣」。

《序》在《閬風集》卷十，末署「庚辰正月初七日」。按：岳祥一生，歷兩「庚辰」：二歲時和六十二歲時。此文必作於六十二歲時。據《序》，儀仲名士表，寧海人。其詩放情吟詠，怡然自樂，岳祥贊其「不爲搜抉過苦之態，而有平易自得之趣」。《序》中言及自身丙子喪亂之後的境遇：「今予親值亂亡，有先人之萊田在，淪爲民伍，遂執里役。晨起開卷未數行，悍吏操棍曳索，隳突竈奥，敗思撓懷，呻吟執事，夜分猶未甘匕飯，城輿絳老，曷日免泥塗之辱耶？故讀君之詩，恨不得尋君之樂趣也！」因而「深嗟而永嘆也矣」。

以潘少白所惠零陵石作硯屏，賦詩記之。

《閬風集》卷二有長詩以序代題云：《潘少白前歲惠予零陵石一片，方不及尺，而文理巧秀，有山水煙雲之狀，予以作硯屏始成，因賦長吟以遺之》，自署時間爲「庚辰二月十八日」。同書卷八《零陵石屏四題》、《成石屏詩後再賦六言》、《成石屏詩後枕上再賦》等皆同時爲此而作。

作《跋劉正仲作潘君石林記》。

文在《閬風集》卷十二，自署時間爲「庚辰五月二十二日」。參見五十八歲譜。

爲魏天與作《愛閑堂記》，申述愛閑之趣。

文在《閬風集》卷十一，自署時間爲「庚辰十月朔日」。據《記》，「愛閑」爲魏天與新築之堂，求岳祥作《記》。岳祥因有感於陶淵明「少學琴書，偶愛閑静，開卷有得，便欣然忘食。見樹木交陰，時鳥變聲，亦復欣然有喜。每五六月中，卧北窗下，涼風暫至，自謂羲皇上人」之言，深知「愛閑」真趣，遂作此《記》。

冬，坐病，戴帥初與劉正仲約過閬風，不果至。

《閬風集》卷七有詩以序代題，略謂「庚辰冬，帥初與正仲約過閬風，既而予坐病，二友亦不果至。……」

是年，台旱荒歲饑。

至元十八年辛巳（1281）　六十三歲

四月，仍在病中，戴表元來訪於閬風，歸途中有詩寄岳祥，岳祥和之。

《閬風集》卷七有和詩，以序代題云：「……辛巳四月，帥初特來訪，予時尚在病中，爲予留山庵一宿而去，似不欲勞予應酬耳。歸至中途，有詩見寄，予次韻，因貽正仲也。」按：戴表元所寄詩，不見於其文集及佚詩，亦不見於《全宋詩》，殆其已佚。岳祥和詩云：「杜宇啼時多是雨，酴醿開後便無春。惜花底學千金子，對酒還思兩玉人。良藥草中閑長葉，幽禽花裏巧藏身。青山百里通來往，衰病何曾厭客頻。」

劉正仲亦來訪，時岳祥病後體衰，頗厭俗交。

《閬風集》卷七有詩《正仲次帥初前韻見示，數日相訪，再次韻酬之》，詩中有「青燈知子别來意，烏几扶吾病後身。莫怪柴門長日掩，俗交正復厭頻頻」諸句。

十二月十七日歸故園，作詩記之。

《閬風集》卷二有《十二月十七歸故園酌紅梅花下》，題下自注云：「十六日立春。」按：是年閏八月，十一月二日冬至，十二月十六日立春，與題下注正合。此詩謂紅梅「舊時都下千金買，翻棄草莽不值錢」、「花應憐我老而狂」等句，應是丙子後作，而丙子後至閬風卒，節氣如是者，僅此一年。故事與詩應繫於此年。所謂「歸故園」者，是岳祥從避地之所致庵（龍舒舊隱）歸故園尚義村也。

生辰作詩自壽。

《閬風集》卷七《辛巳自壽》，有「六十三翁自荷天，亂餘骨肉幾家全。不材幸度龍蛇歲，多病休催犬馬年」諸句。「龍蛇歲」，謂辛巳年；「犬馬年」，謂明年壬午也。

至元十九年壬午（1282）　六十四歲

住故園尚義村。

是年十二月初九日，文天祥慷慨就義於燕京柴市，年四十七。就義之前，嘗書一贊於衣帶間。

其贊曰：「孔曰成仁，孟曰取義。惟其義盡，所以仁至。讀聖賢書，所學何事。而今而後，庶幾無愧。宋丞相文天祥絶筆。」

瀛國公被遷往上都。（後爲僧，至治三年〈1323〉卒）

至元二十年癸未（1283）　六十五歲

仍住故園尚義村。

劉正仲來訪，居篆畦半年，唱和頗多。

《閬風集》卷十《篆畦詩序》：「同志劉正仲，居梅林而遁於鴈蒼，每一過余畦，一相唁也，前後唱和多矣。就中過余最久者，惟癸未留半歲，有子戚而歸。」「篆畦」，岳祥宅西之園圃，創建於寶祐丙辰（1256）。篆畦之位置、設施，詳於《篆畦詩序》，文長不録。

是年江南盗起。《元史》卷十二載：本年「江南盗賊相繼而起，皆緣拘水手、造海船，民不聊生。」又云：「以征日本，民間騷動，盗賊竊發。」

至元二十一年甲申（1284）　六十六歲

正月，遊盤谷道院，有詩贈石澗煉師。

《閬風集》卷五有《甲申正月二十日遊盤谷道院贈石澗煉師》詩。

七月二十七日，妻王氏卒，葬於縣西境新寧璽山。因濡淚作墓誌，藏於家祠。

《閬風集》卷十二《故孺人王氏墓誌銘》：「（王氏）無病而卒於先考妣墓廬，舁歸家庭，以畢棺斂，葬於縣西境新寧璽山。婺寇作，台剡鄰境，民生荼毒，三尺之墳，無不椎埋暴露。獨孺人遺命子婦勿用簪珥金珠爲飾，一用女冠衣帔爲斂具，鄰里人皆疑其太薄。既瘞，不爲馬鬣佳城之觀，至今拳然塊土，蒼苔叢篠蔽其上，過者莫能指其處。此皆孺人先識明見，善緣樂趣，相與合吉，有以致此歟？」岳祥對王氏夫人感情至深，尤其對其孝敬公婆、勤儉自飭，心懷感激：「孺人事舅姑恭順。先君中年多病，晚亦患風弱，一日五飯，坐起非人不支，中夜或索飯啜，孺人烹炊調胹無倦色。先妣安人深嘉之，撫之曰：『願汝多男，長壽也。』孺人性多容少妒，姬侍生子，撫育如己出，寒暑燥濕，一皆共之。家雖貧薄，處之裕如，勤儉自飭，一衣十年，澣濯紉緝，至老不廢女工。」又云：「孺人長予七歲，生於宋嘉定壬申二月二十八日，卒於至元甲申七月二十七日。」王夫人葬時，岳祥「濡淚爲誌，藏於家祠」。

是年劉正仲四次造訪，多有唱和。

《閬風集》卷十《篆畦詩序》：「（劉正仲）甲申春冬凡四至」，「前後唱和多矣」。胡三省（梅磵）至鄞，館於袁洪家，專注《通鑒》。見全祖望《胡梅磵藏書窖記》。袁桷《先君師友淵源録》繫於次年乙酉歲，而其《祭胡梅磵先生》則又改爲甲申矣。

是年九月，元以江南浮屠總攝楊璉真伽發宋陵所取金銀寶器修天衣寺。

至元二十二年乙酉（1285）　六十七歲

正月，爲劉正仲理《篆畦稿》。

《閬風集》卷七有詩《正月十日新晴觀正仲所寫篆畦稿》，首云「亂離又活十年身」，蓋自丙子至此已十年矣，知事在本年。《篆畦稿》爲岳祥與正仲等詩人於篆畦酬唱之作，故岳祥詩中有「酬唱小編情性好，伊祁留得一分春」句。

劉正仲來訪，仍居篆畦，編篆畦唱和詩成軸，岳祥爲撰《篆畦詩序》。

序文在《閬風集》卷十，敘述篆畦創建過程及其規模大略，以及岳祥、正仲篆畦唱和之誼與成卷情況。序中言及正仲於篆畦拜訪岳祥，癸未留半歲，甲申春冬凡四至，「今歲又爲余來，窮老不相忘，來當未已也。爲余寫前後詩成卷軸，請予序。」末署作序時間：「歲在乙酉三月望日。」參見六十五、六十六歲譜。

六言絶句《晚易齋》二首約作於此時，時岳祥已學《易》。

詩見《閬風集》卷八，其二云：「泳道東湖聯句，正仲篆畦和篇。半世清風朗月，十年悶雨愁煙。」據此，知此詩當作於宋亡後十年，即本年。此時正爲正仲料理《篆畦稿》。按：「晚易齋」，岳祥晚年學《易》之書齋名。岳祥學《易》目的，王應麟《閬風集序》云：「（岳祥）嘗以『晚易』名齋，探索三陳九卦之蘊，以處憂患。顛沛流離不能詘其志，厄窮憔悴不能更其守。在《賁》之初九，『舍車而徒』，此《賁》之所以爲文，豈槧人墨客所能識哉！」

作五律《春日山居好十首》、《夏日山居好十首》、《秋日山居好十首》、《冬日山居好十首》，寫山居情懷。

詩在《閬風集》卷四，其《冬日山居好十首》之九有「冬日山居好，不知年又窮。老人六十七，破衲兩三重」諸句，知此四組詩皆本年作。寫《冬日山居好》時，岳祥尚在「編氓」之列（其一有「編氓吾未免」句），即此時尚未免「里役」。

是年，重修篆畦亭館。

欒貴明《四庫輯本別集拾遺》頁七百五十一岳祥《和正仲賦重修篆畦亭館韵》，首二句云：「亭館成來三十年，主人頭白與扶顛。」篆畦創建（寶祐四年）至此已三十年矣。

是年正月，元世祖接受楊璉真伽建議，毀宋郊天臺，改建爲寺，并在宋寧宗等攢宮廢墟上建寺。按：攢宮，帝后暫殯之所。宋南渡後，帝后塋冢均稱「攢宮」，表示暫厝，準備收復中原後遷葬河南祖塋。

江南「盜賊」屢起。

至元二十三年丙戌(1286)　六十八歲

春，得免里役。

《閬風集》卷六《謝御史王素行免里正之役》有「萬里東隅觀出日，十年幽蟄聽驚雷。頓令絶學知書貴，解使貪官覺賄災。恩及老生何以報，只將頌語獻行臺」諸句，「十年」云云，蓋自丙子國難之後，至此十年，知岳祥得免里役，當在本年。按：岳祥上年所作《冬日山居好》之一有「編氓吾未免」句，知其當時尚未免里役。旋有詩《臘月二十五日偶憶孟浩然「白髮催年老，青陽逼歲除」之句，因次和此篇奉寄達善》（見欒貴明輯《四庫輯本別集拾遺》頁七百五十二），「臘月二十五」是指至元二十二年的臘月二十五，中有「且免編民役，休論邸報除」句，詩末自注：「時有省府官到路縣，爲儒人免役。先朝每遇正旦朝會，必有除命。」岳祥免里役蓋起於此時。岳祥又有詩《免役後登山園小飲書懷》，見《閬風集》卷七，有句云：「新荷使家除户役，安居從此異征鴻。」蓋「新荷」免役之時也。岳祥免役後，擬隱居深山，十年不出。豈料四月二十九日總府有倉官之命，乃於五月初二日入城告訴，有詩以序代題云：《免役未幾，四月二十九日總府復有倉官之命，五月初二日入城告訴，作一絶貽如山王監簿。如山前與予别，謂此别不復有相見之日矣。予言得十年住山不出，吾事畢矣。今未兩月，已復會面，更成慘愴也》（見欒貴明輯本頁七百五十九）詩中有「我有巾山緣未繼，半年兩度入城來」句。從免役至四月二十九日，未及兩月，則免役手續之最後辦定，時間當在本年二三月間。又按：前此，岳祥曾入城請求免里役，《閬風集》卷八有詩《柘溪道中有感，時入城求免役》。至此乃得獲免。復按：元朝有免儒户徭役之制。元朝列儒户爲諸色户計中的一個階層，意在崇儒。江南儒户由地方政府統一報批，給予優待，主要對象爲在南宋曾中科舉和有聲望的儒學之士。早在至元十三年(1276)，元世祖即有諸路儒户通文學者免其徭役之敕。據《元史》卷九載：至元十三年三月戊寅，「敕諸路儒户通文學者三千八百九十，并免其徭役」。但岳祥與此次敕令無關。其時正值元軍入臨安、宋帝后降元北赴之際，元軍勢力尚未及台州。據《元史・伯顔傳》：至元十三年二月丁酉，伯顔「遣别將徇浙東西，於是知嚴州方回、知婺州劉怡、知台州楊必大、知處州梁椅，并以城降」。又載，三月甲戌，命唆羅都以宣撫使鎮浙東。《剡源鄉志》卷二十四載：「丙子三月，元兵至鄞，沿海制置使趙孟傳降。元兵旋擾剡源。」當時正兵荒馬亂之時，故元世祖此敕，浙東乃至江南地區之儒户，均無預焉。至此，岳祥始得免役。此後岳祥作《寧海縣學記》，乃曰「凡有籍於學者，皆得免徭役。……天下之士幸矣！」

臘月朔，第二孫繩祖彌月，賦詩祝之。

《閬風集》卷五有詩《臘月朔第二孫繩祖彌月，喜其與翁同十一月而又皆乙亥時也，因賦以祝之》，末二句云：「吾年八十二，方見汝成童。」按：成童，或謂八歲以上，或謂十五歲。兹取後者。《釋名・釋長幼》：「十五曰童。」《後漢書・李固傳》：「汝南郭亮，年始成童，遊學洛陽。」李賢注：「成童，年十五也。」由八十二上溯十五，知岳祥此詩作於六十八歲時，亦繩祖之生年也。按：此記第二孫繩祖彌月事，似有誤。岳祥五十九歲時已有五子三孫，見其《自壽》詩；七十二歲時有「五男四婦六稚孫，更有曾孫依乳姆」（《生日仲素惠羊酒作此奉謝》）。何以六十八歲時會有第二孫出生之事？此詩文字必有誤，惜無可校勘，姑且暫記。

是年，元侍御史程鉅夫奉詔至江南徵選遺逸。

至元二十四年丁亥（1287）　六十九歲

三月，作《百一老詩序》。

《序》在《閬風集》卷十，《序》有云：「此詩止百首，而曰『百一』者，以吾一老人寄於百物之中，爲是詩者，即其一也，庶幾觀者知吾不知老之將至，而樂天知命，能遊戲於篆畦者如此。」末署作序時間爲「丁亥三月上巳日」。按：「百一老詩」，今檢《閬風集》中，僅有《老椿》、《老石》、《老鶴》、《老楓》、《老彭像》、《老皓像》、《老冬》、《老屋》、《老桐》、《老獵》、《老棕》、《老銅爐》、《老楮》、《老猿》、《老梅》、《老漁》、《老墨》等十數首，皆爲七絶，遠不及百。據《序》所稱，尚有《老天》、《老春》、《老夏》、《老秋》、《老人村》、《老人星》、《老山》、《老谿》、《老龍》等多首，且按天、四時、星宿，至人、物等順序排列，今存者少，排列亦失次序，由此可見岳祥詩歌散佚頗多。

生日，作《賤生之日邀正仲子堂小酌》。

詩在《閬風集》卷五。詩云：「開歲恰七十，吾衰病已頻。從今數正旦，一月有三辰。甲子添新誌，乾坤寄老身。晚年方學《易》，此意爲誰陳。」又有佚詩《賤生之日邀正仲子堂小酌觀萬堂》或亦作於此時。詩有「不憂白髮三千丈，且喜丹心一寸灰」句，可見岳祥此時情緒之低摧。

至元二十五年戊子（1288）　七十歲

春，作《春嘆》。

詩在《閬風集》卷八，中有「春色三分二，人生七十稀」句。

冬，作《老冬》。

詩在《閬風集》卷八，《四庫全書》本題作《冬日感懷》，此從《嘉業堂叢書》本作《老冬》，中有「如今七十愁年盡」句。

是年二月，元在宋宮室建塔一、建寺五，竣工。江南浮屠總攝楊璉真伽主其事。

十月己卯，元世祖詔免儒户雜役。

至元二十六年己丑(1289)　七十一歲

春，因浙東各地陸續發生農民暴動而流徙浙東。

《元史》卷十五載是年二月御史大夫玉呂魯奏：「江南盜賊凡四百餘處，宜選將討之。」又載：是年三月，「台州賊楊鎮龍聚衆寧海，僭稱大興國，寇東陽、義烏，浙東大震。」因此，元朝廷「禁江南民挾弓矢」、「括漢人兵器」。同書同卷與吴廷燮《元行省丞相平章政事年表》均載是年閏十月丙申「婺州賊葉萬五」率衆萬餘人攻占武義之事。婺州暴動延及寧海，縣學被焚。《閬風集》卷十一《寧海縣學記》謂縣學「己丑延燎於婺寇之變」。

岳祥家及家祠亦毁於兵火。《閬風集》卷十《蝶軒稿序》：「己丑春，盜起兵作，書焚廬毁，身外無餘物矣。」《閬風集》卷十二《故孺人王氏墓誌銘》：「婺寇作，台剡鄰境，民生荼毒，三尺之墳，無不椎埋暴露。」又云其爲夫人王氏所寫墓誌銘，「藏於家祠，己丑兵火失之」。《閬風集》卷十二《故豸峰應君墓誌銘》：「己丑，玉山之寇，洊至寧海。」於是岳祥一家復流徙浙東以避之。

正月二十四日，避地存思庵。

《閬風集》卷三《己丑正月二十四日避地鹽榼，入省坑存思庵和舊韵》，第一首首二句云：「到此於今四，情深即故鄉。」蓋至此已四至存思庵矣。按：「和舊韵」指和其第三次至存思庵所作詩。詩在《閬風集》卷三，以序代題云：《七月望日避地省坑存思庵留題。時章林出白石，可爲水晶，有旨差路縣官同金玉提舉差夫取鑿，又宿兵守之。吏卒旁午，指予爲上户，求鷄羊酒米油鐵，無以應其求，且不堪其擾也，來避於此。予念自丁丑之亂至此凡三避矣。僧舊屋更新，悵然有感，因賦之》，首四句云：「去家無十里，過嶺即他鄉。避地身三到，傷時淚數行。」第三次避地存思庵，未詳何年，俟考。丁丑，至元十四年（1277），岳祥避亂始至存思庵。

四月，避亂居山中，字鷄以自養。

《閬風集》卷一《寇攘之餘，穀五斗才易一鷄。衰老多病，資血味以爲養，求之弗可得。畜二母鷄，自春抱育，至夏百翼，不減子美生理，喜而有作》，詩中有「我今山居中，生理苦迫窄」、「字鷄供口食」諸句，可見岳祥此時生活之艱苦及寇亂給社會民生帶來的巨大創傷。該詩題下自注：「四月初十日」，未繫年，按詩中所述情況，姑繫於此。

因家毁於兵火，身外無餘物，乃先後避居新昌雪谿、奉化棠奧（即棠谿）。

《閬風集》卷十一《養志堂記》：「自新嵊溯源而上，至於雪谿。……余因避丙子、己丑之亂，兩至其地。」岳祥深愛其地，《記》曰：「（雪谿）隱墻翬宇，花木參錯，一谿貫其中，兩山如匣，夾行而西鶩，半巖爲飛瀑，下爲靈湫。」又云：「其地有上下雪之分」、「往往以雪得名，由戴安道始也」。

按：戴安道即晉代戴逵，逵嘗居剡。《晉書·王徽之傳》、《世說新語·任誕》載有徽之雪夜泛舟訪戴故事。岳祥避亂屢居雪谿，故《記》云：「斯地有德於余者也」，「此余既去而不能忘情也」。《閬風集》卷一《次韵袁伯長寄贈之作》：「憶昔盜起初……移家入新昌」，「又聞來屠剡，玉石恐俱傷。冒暑去雪村，故里隔一崗。」又寫戰亂之苦云：「家林付瓦礫，書籍罹咎殃。……墳塋失灑掃，祖禰廢蒸嘗。」

在新昌雪谿爲董伯和作《壽康精舍記》。

《記》在《民國新昌縣志》，應可軍、舒家悦輯入《閬風先生舒岳祥》。董伯和「從師求友，誦詩讀書，慨然有志事功，陵谷變遷，歲月老矣」，乃居於雪谿高山之中，壽康精舍爲其偃仰棲息之所。

又作《雪村聞鵑》詩。

詩見《閬風集》卷九。詩云：「故國亡來身已非，千年猶訴不如歸。參天古木魂迷路，誰與黎侯賦式微。」

在棠谿，袁氏兄弟爲闢堂下榻，有感於莊周夢蝶之說，名所寓曰「蝶軒」。

《閬風集》卷十一《廣孝庵記》：「奉化棠奥袁氏，昔以富潤屋，今以儒美身，子弟彬彬向文學矣。余以己丑夏避婺寇至其地，袁仲素、季厚闢堂下榻，若久故焉，余家三百指，其至如歸。時余杖策度黄甘貰貸以給朝夕餔。二袁向人不作難色，余以是賢之。」棠奥即棠谿，又作棠溪。

《閬風集》卷七《歸故園》詩序：「余辟難明越，五遷至版坑棠谿，袁仲素兄弟邀館其家，己丑六月十六日始就之。」

《閬風集》卷十《蝶軒稿序》：「先祖拙齋翁讀《莊子》，至夢蝶一章論之曰：『周夢爲蝶，蝶也，非周也；蝶覺而爲周，周也，非蝶也。……』予自丙子數罹憂患，於是悟古今一夢也，此身一蝶也。……己丑春，盜起兵作，書焚廬毀，身外無餘物矣。是夏，辟地奉化棠谿，袁中素、季厚兄弟樂善好事人也，爲予灑掃一室，延入居之。予慨然有感於先生（按「生」似應爲「祖」）之言，因名所寓曰『蝶軒』。」岳祥居蝶軒，有詩文多篇，於是集己丑後詩文若干篇，目爲《蝶軒稿》。按：袁中素即袁仲素，《閬風集》中多作袁仲素。仲素名清之，見陳著詩《余自邑歸棠溪，袁仲素兄弟拉歸宿，次日苦留連，偶病，以八句辭》，自注袁仲素名清之。《全宋詩》四一〇三五頁云「袁仲素，失其名」，未是。

袁氏兄弟爲蝶軒架杉棚以避夏炎秋暑。

《閬風集》卷一有《二十八日借居喜杉棚成》詩，略云：「夏炎已云極，秋暑方自兹。借居面西日，午後如烹炊。主人愛敬客，架杉覆青枝。赫日辟三舍，鮮飆泛淪漪。……」卷三《次和杉棚》亦作於此時。

得王達善送趙君理詩，因作《次達善送趙君理韵因寄畬齋陳貴白》。

詩在《閬風集》卷一，述對達善的懷念與對畬齋陳貴白的贊譽。詩首二句云：「杉棚已絶筆，復得雲錦書。」知此詩應作於本年。趙君理俟考，陳貴白疑即陳用之，詳附録二。

有詩《寄趙敏求》。

詩見欒貴明輯《四庫輯本别集拾遺》頁七百五十二，詩有「杉棚先辱和，欲報怨無瓊」句，知此詩作於本年。其詩前四句云：「趙子貧愈好，吟詩送此生。焚巢同旅鳥，泛宅老書檠。」且敏求能和岳祥之作，可知亦宋遺民詩人，亦同受戰亂之苦。《閬風集》卷七有七律《贈敏求》一首，是爲趙敏求寫真之作：「抄書滿架筆無塵，自是餐霞洞裏人。性癖貪吟如好色，話終更僕尚留賓。愛花更縮栽蔬地，開徑還通指竹鄰。不是不貧貧得雅，如今金塢總輸貧。」

戴表元有《閬風舒先生客居棠溪袁仲素家，見示竹簾詩，戲作問答二首》、《蝶軒歌壽閬風舒先生》諸詩致岳祥。

詩有「所憐無可娱，如伴枯禪滅」、「翁今一室老，高卧百念滅」諸句，可見岳祥客居之窘迫與寂寞。

歲末，作《蝶軒讀〈易幾〉》。

詩在《閬風集》卷三，有句云：「歲窮終有復，人老自知非。兀兀窻西夜，吾方理《易幾》。」《易幾》下自注：「先人遺文。」按：《易幾》，指《周易》；「幾」，即《周易》「彖」。

是年，元朝廷以宋趙氏族人散居江南，百姓敬之不衰，下詔悉徙京師。

謝枋得在元大都絶食而死，年六十四。

至元二十七年庚寅（1290）　七十二歲

初春，擬歸閬風，計未決。正仲、帥初來訪，因作詩呈二友。

《閬風集》卷七有詩以序代題云：《正仲訪余棠溪，帥初來會正仲，時余欲歸閬風，未能決，書呈二友》，有「晴雲高舉雪雲低，日日占天候不齊」、「夜來魂夢舊山谿」句。戴表元有和詩《次韻閬翁將歸故里之作》，詩見《剡源佚詩》卷四，有「春風不揀客檐低，吹亂鄉愁與夢齊」、「山中亦有五陵溪」句。按：孫荊侯《戴剡源年譜》繫此事於至元十八年辛巳（1281）。似誤。岳祥至元二十六年己丑（1289）夏始至棠谿，《廣孝庵記》、《蝶軒稿序》均有確切記載；且至元十八年夏四月僅帥初來訪而無正仲（見當年譜）。正仲、帥初棠谿之訪，當在本年。

許帥初首夏過榆林，後因帥初遊浙西，未果。

《剡源佚詩》卷四有《閬翁許以首夏過榆林然後始歸再次韻》，詩中有「久知老子思歸魯，且爲諸生緩去齊」、「已掃軒前壁如練，待賓醉墨照巖溪」句。榆林爲戴表元隱居之所。《閬風集》卷五《送帥初遊浙西》：「吴下吾遊地，因君思又飄。水花香外雨，沙鳥夢邊潮。載酒浮官舫，吟詩上驛橋。三高祠下過，爲賦楚辭招。」同卷有詩以序代題云：《……帥初嘗約爲榆林遊……既而僕歸鳳棲，後帥初亦往西浙，遂不果……》。

春，由棠谿歸故園，旋復返蝶軒。詩文集《蝶軒稿》成。

《閬風集》卷七《歸故園》序云：「余辟難明越，五遷至版坑棠谿，袁仲素兄弟邀館其家。己丑六月十六日始就之。明年三月歸閬風，寓於鳳棲塘田舍。行視篆畦故物，無一存者，唯咸平故松及瑶池無恙耳。……」此詩極寫兵後慘象：其一云：「千家桑梓兵餘痛，十世松楸火後悲。瓦礫成灘無鳥雀，荆蒿如杖有狐狸。咸平樹在枝柯損，晚易書亡目録遺。半樹瓊花微雨里，向誰寂寞淚將垂！」自注：「晚易，舊齋名也。」卷十一《廣孝庵記》：「奉化棠奥袁氏……余以己丑夏避婺寇至其地。……會予明年春歸鳳棲芰舍，二袁移書問勞相續。」卷一《將别棠谿遺仲素季厚昆仲》預擬春二月歸閬風，詩中透露出去留兩難的心情：「新交勝舊交，生别猶死别。饑魂散欲飛，愁腸鬱以結。去住誠兩難，主客新握别。家山杳何許？千丈高巀嶭。試登黄甘望，百里見積雪。我甑無儲粟，我篋無重褐。妻孥幸團欒，忘此饑與渴。倚君爲大厦，顧我顔色悦。無家未易歸，無産難久歇。鄉校著我名，免在編氓列。麥田望有秋，桑葉行可掇。貰貲延餘年，空囊誰負竊。不敢久累君，去去春二月。爲我謝王戴，徽音無斷絶。」

《閬風集》卷十《蝶軒稿序》：「己丑春……是夏辟地奉化棠谿。……明年春，予歸省松楸，周視瓦礫場中，故物無一在者，惟篆畦花木尚可尋問，毁失者過半。三宿田家，復還借居。往來一蝶也，不知向之爲樂而今之爲憂也。因集己丑以後詩文若干篇，目曰《蝶軒稿》云。」

三月，歸鳳棲茇舍。

歸故園的確切時間應是三月二十一日。《閬風集》卷二《牡丹》詩序云：「三月二十一日歸故園，看牡丹草莽中才作數花，似訴主人不顧省渠也，余亦對之惻然。」《閬風集》卷七有詩《四月一日霖潦新霽，痼疾稍瘳，乍歸故園，拂剔叢莽》。卷十一《重建台州東掖山白蓮寺記》：「庚寅秋，余目暗耳聵，方欲棄筆硯習禪觀……余亦火後寓鳳棲茇舍。」

麥收時節，麥飯頗可自給，作《村莊麥飯薤笋有懷達善、正仲、帥初，因寄袁仲素季厚陳用之》詩。

詩在《閬風集》卷一，有云「因思去年時，煎牟作糜粥。饑餓走荒山，羣奴深兩目」、「百里無鷄豚，雖老不食肉。……頗恨在棠谿，芻豢事屠戮。……無奈軍馬嚻，十百遭縛束。」知此詩當作於本年。詩中寫食新麥薤笋的愉快：「有此席上珍，舉筯誠不惡。風味近瑶柱，標格薦醽醁。似憐老翁饞，洗我塵一斛。」卷三《喜食新麥》、《有田婦獻水麥甚美，不知滹沱玉食曾有此否，感悵作詩》，似亦作於此時。

秋，作《重建台州東掖山白蓮寺記》。

《記》在《閬風集》卷十一。據《記》，東掖爲江南之名山，山上有白蓮寺，慶歷初建寺，淳熙間重修，「丙子，兵火及之」。歲庚辰（至元十七年，1280），景茎法師來此住持，以十餘年之力重建此寺。

庚寅秋,「有蓋蒼真逸道士葉龍起,持白蓮住持景荃書,致殷勤於余」,請岳祥爲此寺「記其偉觀」,於是作此《記》,歷述該寺興替。《記》末云:「釋老二氏之并行於世也久矣,今荃師不疑葉君之異己,而托之以請記,葉君亦不以荃師爲不同道而爲之請,余又不以二氏之非吾道而慨然爲之記,皆世俗所不能解也,知此則可與言道矣。」按:關於「道」的理解,岳祥思想之博大精深,不僅超乎世俗之外,也爲當時之流輩所不及。前此,岳祥曾作《蓋蒼觀記》,佚。

生日,袁仲素以羊酒贈,因作詩奉謝。

《閬風集》卷二《生日仲素惠羊酒,作此奉謝》有云:「去年蝶軒饋羊酒,主人憐我空無有。……今年病叟早還山……瓦瓶聊以挹酒漿。」又云「忽聞棠谿有書至,袁詩陳賦兩輝煌。」是袁仲素、陳用之以詩賦相賀。詩中言及岳祥此時已有五男四婦六孫和曾孫,又云是年舉家病瘧三閱月。

是年作五古長詩《次韵袁伯長寄贈之作》。

詩在《閬風集》卷一,袁伯長即袁桷。詩首四句云:「維時十月閏,收穫已登場。朋舊喜我至,殷勤置壺觴。」似岳祥回憶去年(至元二十六年,閏十月)造訪袁桷時的情況。詩中主要回憶其全家避亂至雪谿、棠谿的艱險困頓,有云:「嶔嶇遠荆棘,瘏痡辟鋒鋩。五男不挾册,四婦廢絛桑。……家林付瓦礫,書籍罹咎殃。賫糧中道絶,萬事慨以慷。墳塋失灑掃,祖禰廢蒸嘗。」言及去雪村、棠谿，「昔行梅未落，今憩梅再芳。皇皇一年餘，兒孫幸成行。」「一年餘」，似從至雪村、棠谿時間算起，至歸故里，計一年有餘也。按：袁桷「寄贈之作」，不見於《清容居士集》，佚歟？

對避亂事再致感慨。

《閬風集》卷三《秋晚隨意行澗上，值老農問勞去年避亂時事》，詩有「豺虎方當道，何時賦式微」、「誰於千載後，見我苦吟時」句。

《元史》卷十六載：是年三月，「楊震龍餘衆剽浙東，總兵官討賊者，多俘掠良民。敕行御史臺分揀之，凡爲民者千六百九十五人」。可見官兵害民之一斑。又載：是年五月，「婺州、永康、東陽、處州縉雲賊呂重二、楊元六等反，浙東宣慰使史弼擒斬之」。又，是年十一月：「江南盜起，討賊官利其剽掠，復以生口充贈遺。」

《寄袁季源》詩約作於此年。

詩見欒貴明《四庫輯本别集拾遺》，詩云：「當世佳公子，枝吾雅道多。江南有文獻，魯國自强歌。火後歸新第，兵餘喜止戈。公車行有召，毋久戀松蘿。」「火後」句，袁洪家於己丑（至元二十六年）正月遭火災，戴表元有詩《己丑正月六日袁季源家遭毁，次韵書悶》。「公車」兩句，言袁洪被元朝廷召用，岳祥對其仕元取寬容、諒解的態度。

至元二十八年辛卯（1291）　七十三歲

年初，有詩《辛卯正月二日蝶軒早作》。

詩在《閬風集》卷五。詩云：「鴉背閃晴天，輕明紫翠煙。天將人老大，形與影周旋。鳥語推晨枕，梅花照夜編。池塘春草句，此意有誰傳。」按：「蝶軒」事見前年譜。岳祥已於上年春歸鳳棲，但與袁仲素兄弟仍不斷來往，此番居蝶軒，或偶一爲之？

作《貽正仲》詩。

詩在《閬風集》卷五，中有「百年能幾見？七十有三翁」，知詩作於本年。又有「人在鴈蒼中」句，知正仲此時在鴈蒼山。正仲出遊鴈蒼時，曾造訪岳祥，岳祥有詩《正仲入鄞敘懷送別二首》（《閬風集》卷六），其一有「把杯歸鴈破春寒」句，知其事在初春，又云：「君來訪我連朝雨，三日新晴理去鞍。」其二云：「此別未知長與短，一春風雨助淒然。……鴈蒼山好須回首，便見秋風在眼前。」是囑正仲早日回歸也。

爲門人董景愈作《養志堂記》。

《記》在《閬風集》卷十一。董景愈，新昌雪谿人。岳祥因避丙子、己丑之亂，兩至雪谿，得識景愈，景愈從學於岳祥。景愈新築「養志堂」，請岳祥爲之記，乃作此《記》，末署「至元二十八年四月十七，閬風舒某撰」。《記》中表現岳祥欣賞的所養之志，是「浴沂風雩之趣，翛然在事物之外」、「青山以爲屏案，流水以爲金石，奉親讀書於是，觴賓俎友亦於是，彈琴詠詩亦於是」。這是景愈所養之志，亦是岳祥之志，岳祥贊其「可謂得賞勝之要、攄幽之機」。

作《端午感懷》詩。

詩在《閬風集》卷六，首二句云：「曾飲昌陽七十三，老來大布當輕衫。」知詩爲本年端午作。詩有「楚俗舊時沉黍恨，唐宮此日賜衣霑」、「梔香滿院人如玉，尚想薰風半卷簾」諸句，隱隱不忘故主之意也。

作《十九日鄰家食早麥聞之有喜》，感慨生活多艱。

詩在《閬風集》卷七，首句云：「七十三翁飲上池。」知此詩作於本年。岳祥感慨生活艱難，乃云：「始知糠籺也生肥。」調侃反諷之言也。又由眼下的艱辛轉而懷念舊時的生活圖景：「舊時此日嘗新日，早笋窻前一尺圍。」

戴表元歸榆林，因致詩表元，約踐前言，即同遊榆林。

《閬風集》卷五有詩以序代題云：《去春帥初嘗約爲榆林遊，欲亨羊釀酒爲小孟嘗。既而僕歸鳳棲，後帥初亦往西浙，遂不果。今帥初已歸，當踐前言，但同遊之客，達善已下世矣。因黄甘便作詩以叙其懷》，詩曰：「戴子遊西浙，藕花香滿船。因思今日日，又是去年年。楊果珍閩荔，榆林下剡川。亨羊曾有約，已失碧桃仙。」由詩意看，帥初可能在初夏由浙西返回榆林。同卷《因黃甘人便問訊帥初》亦當作於此時。詩云：「芰舍干戈後，班荆薦莽餘。何人騎有鶴，顧我食無魚。孤憤向誰説，倦遊休上書。時時問甘嶺，戴子近何如？」據此，知岳祥仍居鳳棲芰舍。

至元二十九年壬辰（1292）　七十四歲

正月，建赤城先生祠於鴈蒼，因作詩記之。

《閬風集》卷五有《壬辰正月胡子持、孫平叔、劉正仲諸友於鴈蒼建赤城先生祠，賦唐律一十韵以紀其事》詩。該詩首云赤城先生成長之路：「句讀從朱老，（自注：「先生始從朱叟絳學。」按：《四庫全書》本「絳」誤爲「峰」，北大《全宋詩》本沿其誤；《嘉業堂叢書》本作「絳」，是。）經書本釋翁。（自注：「後與僧惟賢遊，假其書，得五經，始通大義。」）於藍青所出，他石玉堪攻。」繼述赤城先生的影響、贊譽及其是是非非不可苟合的性格：「文啓吾鄉秀，心知百代宗。（自注：「先生從東坡學，有詩上之。」）推尊非苟合，議論自難同。（自注：「先生因議開五丈河，坡公異意。」）名節道鄉峻，詞章淮海雄。諸公交贊譽，此老定磨礱。」末述建新祠以特祀，期望其所開創的「宗風」千年不壞：「舊祀儒宫側，新祠佛寺東。開山猶別子，傳鉢許宗風。俎豆干戈後，詩書煨燼中。千年期勿壞，印印此心通。」按：赤城先生即寧海羅適（1029—1101）。羅適字正之，別號赤城。治平二年（1065）進士，官至京西北路提點刑獄。葉適（水心）作《台州州學三老先生祠堂記》，羅適名列其一。《直齋書録解題》卷十七云：「台士有聞於世，自適始。」岳祥詩《壬辰正月胡子特、孫平叔、劉正仲諸友於鴈蒼建赤城先生祠……》已充分表達了對鄉賢前哲羅適的崇敬；其文《宗卿雲壑先生文集叙》又稱：「宋東都人材之盛，自慶歷至於元祐極矣。於時吾寧海至爲僻陋，前未有聞也。惟赤城羅公適正之特起於蓽門圭竇之中，與上國名都英俊争衡，鼎鼎如也。既略見於功，而形之於詞章者，亦雅正豐融。懸車早退，高風凛然。」王應麟《赤城書堂記》亦曰：「台之寧海，其先賢曰赤城先生羅公，德業爲元祐名臣，道義爲一鄉師表。」《台州金石志》卷四有《朝散大夫羅公墓誌銘》，《嘉定赤城志》有傳。

爲赤城書堂長。

王應麟《赤城書堂記》云，寧海宿儒前進士胡元叔，爲特祀赤城先生羅適，「倡率鄉人，仿古閭塾之制，即公遊息之地創爲書堂，合鄉之俊秀子弟而淑艾之。諏諸鄉評，延篤學多聞之彦、前進士舒君岳祥爲之長，前進士孫君鈞、趙君孟禮、胡君三省、前太學陳君應嵩、劉君莊孫爲之録；訓之以孝弟敬遜，其規約如藍田、麗澤，而稽經訂史，種學積文，以爲有用之實。衿佩濟濟，弦誦洋洋，鄒魯之風藹如也。」（見《深寧先生文鈔摭餘編》卷一）按：王應麟此文未署寫作時間。赤城書堂事，錢大昕《深寧先生年譜》、陳僅、張恕《王深寧先生年譜》均未涉及。張大昌《王深寧先生年譜》繫於至元二十六年，謂「是歲，台州胡元叔（王應麟《赤城書堂記》作胡元叔）創建寧海赤城先生羅適德業祠，作《赤城書堂記》。」竊以赤城書堂當在赤城先生祠中，其祠建成之日，亦是其書堂開創之時。岳祥《壬辰正月胡子持、孫平叔、劉正仲諸友於鴈蒼建赤城先生祠……》中的「胡子持」即王應麟《赤城書堂記》中的「胡元叔」，「孫平叔」即「孫鈞」，「劉正仲」即劉莊孫，只不過王應麟稱其名，岳祥稱其字而已。且岳祥詩中的「舊祀儒宫側」與應麟《赤城書堂記》中「舊祠於學」正合，詩中的「開山猶別子，傳鉢許宗風。俎豆干戈後，詩書煨燼中」亦有在「新祠」紀念羅適開辦書堂以傳其「鉢」之意。故祠與書堂皆應創建於至元二十九年壬辰，而不可能在至元二十六年——是年正是岳祥居無定址、攪擾不堪之時，何暇顧及赤城書堂？而赤城書堂又何以得建？又按：赤城書堂是寧海鄉人創辦的民間「私立」書堂，從《赤城書堂記》所述其創辦過程看，舒岳祥、孫鈞、趙孟禮、胡三省、陳應嵩、劉莊孫都是「諏諸鄉評」，即鄉人協商推薦而「爲之長」、「爲之録」者，與元政府及當地官僚毫不相干，與元政府批准的官辦學堂性質不同。

二月，爲棠谿袁仲素兄弟作《廣孝庵記》，闡發孔子「孝」的思想。

《記》在《閬風集》卷十一。據此《記》，袁氏之廣孝庵在潘奥，至元二十八年冬建成，請岳祥爲之記。岳祥在《記》中闡發孔子論孝「生，事之以禮；死，葬之以禮，祭之以禮」的思想，主張家祭之禮，「豐約惟禮，不替不昵」，而反對「有力者」以及「仕宦至將相勛閥」的祭禮惟「侈」。末署作《記》時間：「至元二十九年二月既望。」

十一月，作《寧海縣學記》。

《記》在《閬風集》卷十一。據此《記》，寧海縣學於至元二十六年己丑「延燎於婺寇之變」，於當年七月至至元二十九年十月修建完備。《記》中首先肯定「皇帝（按指元世祖）既一南北，郡百蠻，乃尊孔氏，隆儒術，闡文治也。京師立太學，郡置學教授，縣設學教諭，凡有籍於學者，皆得免徭役」等政策的正確性，認爲這是「皇帝蓋深得統天下之要矣，此則天下之士之幸也」。《記》中着重闡發了岳祥以崇儒重學治理國家的思想。認爲「自古一統天下之主，必尊孔氏而隆儒術」，「有天下國家者，用其（按指孔子）説則治且安，不用則危且亡」，認爲「漢高提三尺劍，誅秦滅項，干戈甫定，過魯祠孔子，秦灰既冷之後，孔壁未發之前，有此偉特，可爲萬世法」。又云「六經者，理義之統也； 理義者，人心之統也； 人心者，天下之統也。崇經術所以明理義，理義明所以正人心，人心正則天下之統定矣」，「是以歷代帝王，必得此心之統，而後一天下之統也」。按：上述岳祥關於崇儒重學以治理國家的思想，正是體現了宋代浙東學術思想的特色，比空談性命修養的空洞之學要高明得多。值得注意的是，此時岳祥對元朝廷的態度有所變化，這是岳祥自宋亡之後至此十七年來第一次給元朝皇帝（元世祖）説「好話」，正面肯定了元朝崇儒重學的實際措施，且略見頌揚之意。在南宋新亡之際，岳祥在其詩《解梅嘲》（《閬風集》卷二）中曾寫道：「我是先朝前進士，賤無職守不得死。難學齊夷餓首陽，聊效陶潛書甲子。」在至元二十三年（1286）岳祥免里役之時，是出於感動或激動，曾說「恩及老生何以報，只將頌語獻行臺」（《閬風集》卷六《謝御史王素行免里正之役》），但未見其實際行動。至寫此《寧海縣學記》時，岳祥親眼見到元朝廷尊儒重學的各項政策措施，并已全部落實，對此不能無動於衷，於是乃有《記》中的一番「好話」。這也説明了岳祥是實事求是的。當然，這種「好話」説得不多，在岳祥的詩文作品里，這是唯一的，岳祥的宋遺民立場并没有改變，故在《記》的落款中，仍不忘其身份：「前集英殿進士舒岳祥。」

受邑庠之請，升講席，説《詩・泮水》，約在此年或其前後。

《閬風集》卷七《三月之朔，邑庠請僕升講席説〈詩・泮水〉，正仲用前韵紀之，因次其韵》，詩前四句云：「春服初成冠與童，聚觀王式一衰翁。圓冠方履還吾道，續衽鈎邊見古風。」一派大儒形象。按：《泮水》是《詩經・魯頌》的一篇，凡八章，章八句。《毛詩序》：「《泮水》，頌僖公能修泮宫也。」詩中贊美魯僖公修治泮宫、戰勝淮夷的文治武功。以「泮水」指「泮宫」，即學宫。（一説是水名，非學宫。）元朝的地方統治者在重修寧海縣學的情況下，請出前朝進士舒岳祥宣講《詩・泮水》，顯然有其政治目的。對此，岳祥似乎已經看穿，故詩尾聯云：「寧可短衣充博士，莫令城旦屬司空！」綜上述，岳祥其事其詩，似當繫於此。

是年，元開通惠河，以便漕運，江南之民脂民膏，可直抵大都。

至元三十年癸巳（1293）　七十五歲

作詩《獨坐遣興》，靜悟平生事歷，有不堪回首之嘆。

詩在《閬風集》卷五：「昏眼迷煙雨，修眉隱樹林。杜鵑知夜半，蟋蟀俟秋吟。靜悟平生事，閑思萬古心。蹉跎七十五，既往莫追尋。」

仲春有《無題》詩四首，仍念念不忘故國。

詩在欒貴明輯《四庫輯本别集拾遺》頁七百四十四。其一云：「江山有恨非吾土，花鳥相逢故惱翁。百歲唯餘二十五，一春强半又成空。」知此詩作於本年仲春。其三則全寫春景：「杏花寒氣退三舍，柳絮春光減二分。簾外遊絲飛冉冉，窻間野馬走紛紛。」

至元三十一年甲午（1294）　七十六歲

正月望日，作《故豸峰應君墓誌銘》。

文在《閬風集》卷十二。據此墓誌，應氏爲寧海梅林著姓，「以三百餘年之族聚，而又風之以累葉之詩書，宜世其家矣。」應君諱瑞孫（1231—1289），字季圯，自號豸峰，梅林人，在宋以胄牒中舉，入元力辭不仕。其次女適岳祥弟斗祥之子子普。

是年，岳祥與王應麟、劉正仲、陳西麓唱酬於梅墟陳氏之世綸堂，輯爲《世綸堂雅集詩卷》，有洛社耆英之遺意。

見張大昌《王深寧先生年譜》引全祖望《句餘土音序》。袁桷《清容居士集》卷五十《書世綸堂雅集詩卷》，謂此雅集「猶有洛社耆英之遺意」。按：陳西麓，陳允平之號。允平，奉化人，德祐時授沿海制置司參議官。入元不仕。著名詞人，有《西麓繼周集》、《日湖漁唱》、《西麓詩稿》等。乾隆《鄞縣志》有傳。

是年正月癸酉（二十二日），元世祖忽必烈崩，在位三十五年，壽八十。四月甲午（十四日）世祖之孫鐵穆耳即帝位於上都，是爲元成宗。次年改元元貞。

元成宗元貞元年乙未（1295）　七十七歲

陳養晦赴閬風里拜謁學詩，戴表元有詩相送。

戴詩《送陳養晦謁閬風舒先生四首》，見《剡源集》卷三十。該詩主要叙述自己從閬風先生學詩，并鼓勵陳養晦向舒先生學詩。如其一云：「嚼雪餐冰二十年，空山日月自風煙。從君識盡搜詩法，不透鄰巖不是仙。」其四云：「無詩莫入閬風里，到却閬風那有詩。拾取松風作新曲，歸來時向夢中吹。」「嚼雪」句是云岳祥自丙子之難後，作爲宋遺民的艱辛歷程，「二十年」可作爲一個約數或成數看，姑繫於此。按：陳養晦，《剡源集》卷十三《送陳養晦遠遊序》云：名成字養晦，剡源人，於帥初爲後輩。帥初又有詩《送陳養晦赴松陽校官》、《送陳養晦教諭之象山》（《剡源集》卷二十七、卷二十九），可略見其身份。

四月既望，王應麟爲舒集作序，盛贊岳祥大節特立，詩文有本。

《序》見《四庫全書》本《閬風集》卷首，謂岳祥雖「擢丙辰第……然自重難進，閱羣飛之刺天而無競心。……晚歲涉坎險，歷蹇難，萍流蓬轉，有陶、杜所未嘗。氣益勁，思益深，胸中之書不燼，方寸之廣居浩乎其獨存，弄雲月於嵁巖之下，友漁樵於寂寞之濱，固窮守道，皓皓乎白璧之全。」又云：「顛沛流離不能詘其志，厄窮憔悴不能更其守。」論其文則曰：「如泉出山，達乎大川而放諸海，有本者如是。何謂本？大節之特立也。」又評其《避地》、《篆畦》、《蝶軒》三稿曰：「如朱弦疏越之音，一唱三嘆。」評其《三史纂言》爲「考訂精確」。末署「旃蒙協洽歲圉陽月既望，（即乙未年四月十六日）浚儀遺民王應麟序」。按：王應麟作此序時，年已七十三歲，卒前一年也。當時所論岳祥著作，僅《避地》、《篆畦》、《蝶軒》三稿和《三史纂言》，而獨不及《閬風集序》，該集早已梓行，而「板本既燬於兵」。按岳祥家於丙子、己丑兩次被於兵火，至於其書籍，多聚於香巖隱居之所，而全部毀於丙子兵火，岳祥對此念念不忘，惋惜之至。毀於己丑兵火者，主要是其家產、家祠以及收藏於家祠的《故孺人王氏墓誌銘》。由此可知《閬風集》殆毀於丙子。此時岳祥年近六十，詩文結集，容許有之。岳祥著作豐富，且不斷分類結集，二十六歲見吴子良時，已結集《蓀墅稿》、《史述》（見吴序），丙子之前的詩文結爲《閬風集》是可以想見者。至岳祥卒後之十年，其第四子叔獻「將復刊之，家窶甚，力不能任」，得鄉黨、朋從等資助，方得復刊。當此集「復刊」時，因《蝶軒稿》、《篆畦稿》、《避地稿》等已鋟梓行世（見王應麟序），故岳祥丙子之後詩文得以較多收集，而丙子前詩文則甚少。由此可以推斷，四庫館臣從《永樂大典》輯出之《閬風集》，是叔獻的「復刊」本，而不是毁於丙子兵火的《閬風集》，故現存於《閬風集》的詩文幾乎全是丙子之後所作，丙子前之作幾成鳳毛麟角矣。這決不是説岳祥丙子後始從事詩文寫作，丙子前不事詩文，而是丙子前所結集的《閬風集》「板本既栽於兵」，而失傳的緣故。

是年，袁桷受命爲麗澤書院山長。

八月，謝翱卒於杭州劉氏舍，年四十七。謝翱對岳祥的處境很同情，也很不平，有詩《送袁太初歸剡源》，句云：「自言學出戴君門，又説舒君忘年友。舒君白頭爪塵垢，戴君業成衣露肘。」（《晞髮集》卷五）

元貞二年丙申（1296）　七十八歲

六月十二日，王應麟卒，年七十四。

元貞三年、大德元年丁酉（1297）　七十九歲

三月，爲詞人張炎作《山中白雲序》。

《序》見《光緒寧海縣志》卷十九《藝文内編》，《嘉業堂叢書》本《閬風集》輯入「補遺」，《全元文》、《全宋文》據以輯入。序稱張炎（玉田）爲宋南渡勛王裔孫，「自社稷變置，凌煙廢墮，落魄縱飲，北遊燕薊」，慨然而歸，「扁舟浙水東西，爲漫浪遊」，「詩有姜堯章深婉之風，詞有周清真雅麗之思，畫有趙子固瀟灑之意。未脱承平公子故態，笑語歌哭，騷姿雅骨，不以夷險變遷也。」又稱：「歲丁酉三月，客我寧海，將登台峰。於其行也，舉觴贈言。是月既望，閬風舒岳祥八十歲書。」按：言「八十歲」者，取其整數而言之，且岳祥虛二歲，亦可自言八十歲。黄巖楊晨爲此序作跋，僅據此一例推定岳祥當生於宋寧宗嘉定十一年戊寅，則誤矣。

爲肖翁王應辰父子作《留耕堂記》，贊賞「但存方寸地，留與子孫耕」。

《記》在《奉化縣志》卷三十七，《全元文》據以輯入。此《記》以「留耕」發揮唐賀水部「但存方寸地，留與子孫耕」之義，謂此「方寸」，「乃翁存之，其子留之；存之者不已，留之者其無窮也。」末署「大德改元修禊日撰」，即大德元年三月初三也。

夏六月，妻王氏墓草被焚，其墓燎爲焦土。

《閬風集》卷十二《故孺人王氏墓誌銘》：「丁酉夏六月，穴之左右遭融風煽焰，燎爲焦土。嗚

呼！能免於强兵大盗之毒手，而不免於芻童牧豎之遺燼，使人痛傷也！」又曰：「今罹其變，欲開隧而觀之。故役人有尚存者啓予曰：『穿壙之時，其深三仞，四面皆石脂，氣如蒸炊，見底而止。燎及浮土，何傷其内？若啓而觀之，既驚於火，又重傷之也。』予允其言而已之。」由於岳祥爲王夫人所作墓誌銘毁於己丑兵火，於是「今續爲之誌」，重作墓誌銘，即今存《閬風集》卷十二之《故孺人王氏墓誌銘》。

閏十二月初一，作《十二月初一醉歌》。

詩在《閬風集》卷二。首云：「常年此日正月吉，今年經閏臘月一。歲闌喜展一月期，勝似戈揮魯陽日。」按：在岳祥一生中，閏十二月（臘月）者凡三見：一在嘉定十四年（1221），岳祥三歲；一在嘉熙四年（1240），岳祥二十二歲；一在大德元年，岳祥七十九歲。該詩中言及「歸耕」、「弟侄」、「北人」、「南人」等，應是入元後作，故詩當繫於此。

是年岳祥爲里正。

見其詩《十二月初一醉歌》。詩中有云：「歸耕還有新權柄，向時樵長今里正。弟侄推尊不敢辭，斗酒隻鷄先自慶。」按：里正僅屬鄉村差役名目，負責催賦役和鄉村治安。元初儒户可免差役，岳祥於至元二十三年（1286）曾得免里役（見六十八歲譜），元成宗改爲照服里役，按户輪流承擔，爲期一年。元末，儒户復免里役。岳祥家有「平皋十畝」，自然屬於差役户，須承擔里正。岳祥爲一家之長，由於「弟侄推尊」，擔任里正。岳祥在詩中表示，祇得竭力以應元政府的「誅求」：「牧猪釀秫待誅求，賣田買鈔博性命。」詩末云：「君不見唐任濤、宋魏閑，因詩放後逢寬令。」表示學習唐代任濤和北宋的魏閑，以詩放達性情以待「寬令」。任濤，晚唐詩人，爲「咸通十哲」之一，累舉不第，以詩得免各色雜役。事見《唐摭言》、《唐才子傳》、《唐詩紀事》。魏閑，有詩名，宋真宗累召不起，贈著作郎；仁宗時賜號清逸處士，卒後又免除其子孫差役。事見《司馬温公文集·魏君墓誌銘》、《東都事略》、《宋史翼》等。

作《梅花書塾》三十章。

《行狀》：「其卒也，先一年夢有神人傳帝命，授公梅花城長，嘗爲《梅花書塾》三十章記其事。明年，公果卒。」《梅花書塾》三十章未見於《閬風集》。劉莊孫《行狀》對此有評論曰：「嗚呼，異哉！梅花之有城，吾固知其神仙境界也。神仙之説，世不能必其有無，使天地間果有梅花之城，非公孰長之哉？公之精英其得之天者如是，固人中之神仙也。」

大德二年戊戌（1298）　八十歲

作詩《讀方元善落花詩有感》二首

詩見欒貴明輯《四庫輯本別集拾遺》頁七百五十一。其一云：「爲渠銷瘦爲渠愁，減却風流剩却羞。得雨如投碧玉井，隨風似墮緑珠樓。醫頰髓空無處覓，返魂香斷爲誰留。此詩吟罷難消得，八十翁翁一笑休。」其二末二句云：「絶憐新緑光如沃，何必繁英盡在枝。」既有「八十翁翁」云云，知爲本年晚春作。

二月，爲梅林應氏作《七星塘記》，表達其推利於民的思想。

此《記》首叙梅林應氏開鑿七星塘的目的與過程，繼云：「予思之，文王之囿方七十里，民猶以爲小；齊王之囿方四十里，民猶以爲大。釋者曰：文王之囿方七十里，芻蕘者往焉，雉兔者往焉，故民以爲小；齊王之囿方四十里，殺麋鹿者罪以殺人，故民以爲大。使兹塘也而自專利，則見而議之者，未必能以小文王囿者小兹塘也。予恐其（按指梅林應氏）擅利，故爲是説明廣之。」《記》中有「肇工大德戊戌之十有二月，不逾月而收厥功」、「因事竣而屬予以爲文」句，按：岳祥卒於本年六月，「十有二月」疑「十有」爲衍文。且春二月亦正是興修水利「給以工食」的季節。故將此《記》繫於二月。全文見本譜《附録三·詩文補遺》。

六月初六日，替里役。

《閬風集》卷三《十三日曉寒獨立紅茶花下》自注：「予以六月初六日可替里役。」其詩「午雨柳綿收」句下自注：「柳絮正午時飛，晴則放，陰則收。」可知此詩亦本年晚春作。「六月初六日可替里役」云云，是其預期之詞。詩末二句云：「直須瓜苃熟，長枕卧清秋。」預期可以從此息肩矣。

六月十九日，卒。　卒前二日賦《天門雜詠》三章，卒後門人私謚文清先生。

《行狀》：「公卒時年八十，無疾病，對客談笑，吟詩作字，日不廢，略不見有老人衰憊意。一日，賦《天門雜詠》，甫成三章，其一章云：『棋尋五老智識長，茶煮八公肌骨仙。應是青牛遺舊迹，不知白鹿去何年。』此絕筆也。越二日而卒。沐浴隱几，略無俗言。門人以故事士有易名，私謚公文清先生。」又云：「其卒以大德戊戌六月十九日。」即公曆7月28日。

是年二月十八日，袁洪卒，年五十四。見《清容居士集》卷三十三《先大夫行述》。

周密卒，年六十七。

大德三年己亥(1299)　卒後一年

九月既望，門人劉莊孫(正仲)作《舒閬風先生行狀》。

《行狀》：「公之葬也，宜得聞人爲之銘。其五子命莊孫曰：銘者必先狀其行爲底，知先人行事之詳者宜莫如子，誼不得而辭也。乃取其家系譜、詩文歲月，序其梗概。嗚呼！莊孫豈知公者哉？」末署：「大德三年九月既望，門人劉莊孫狀。」

十二月壬申，葬於傅嶺之南。

《行狀》：「其五子將以今年十二月壬申(二十五日)奉公柩葬於傅嶺之南。其地乃公葬王安人時所卜，公實坎其右爲壽藏，以其地後遭樵火，欲易之卜，今地不食，遂從其舊。」

《浙江通志》引《寧海縣志》：「舒岳祥墓在縣北五十里。」

劉莊孫在《行狀》中評岳祥一生之爲人：「公平生爲人，意度超邁，精神散朗。方其年少，以材氣自負，於人少許可，見之者固疑其門庭高峻，可望不可親也。然親之者，但見其坦然樂易，語無城府，一觴一詠，時發清言，灑然有魏晉間風流。人有負之者，事已輒止，一笑釋然，未嘗宿怨藏怒。其晚年益去崖岸，苟有一藝一善可稱，見無不納，始乎疑公者，反謂容接太廣也。」評其著作云：「公之文其於南北者，今皆刊本。凡作於丙子以前者有《蓀墅稿》四十卷，《史述》十八卷，《漢砭》四卷，《補史》一卷，《家録》三卷；若《避地稿》、《篆畦稿》、《蝶軒稿》、《梧竹里稿》、《三史纂言》、《談叢》、《叢續》、《叢殘》、《叢傳》、《叢肆》、《昔遊録》、《深衣圖説》，總二百二十卷，皆丙子以後所作也。嗚呼！公之用心於斯文可謂盡矣！然其文之出於平實正大，由諸老之淵源，而溯諸孔孟，其果盡於此乎哉？公之少作，荆溪公既評之而人得以知公之道；其作於中年者，明潔而清峻，麗密而深雄；其作於莫年者，詩益精妙，文益宏肆，大約如丹漆、白玉，不假雕飾，晶采焕發，如深山大澤，珍異所産，寶藏所興，日月之光景，煙雲之姿狀，出於自然，不可摹寫，世未有知而評之者，固有待於後世之子雲。」

戴表元評述岳祥在浙東詩壇的影響，并悼念其去世，感慨自身的孤獨。表元在《國南仲詩後序》(《剡源集》卷九)中首先回憶岳祥景定間在杭談詩之情景(參見四十四歲譜),繼云:「獨東野老壽,巍然高卧閬風香巖上三十年,浙河以東學詩者朝暮至,余以貧賤逐食,時時得一相過從,聞去歲又亦棄我去矣。嗟呼!余之悾悾乎其處於世,豈曰不遇,而今若是乎!於是零丁忡惙,神消氣懾,若孤行無鄰,若中渡奪楫……」按:「高卧閬風香巖上三十年」,岳祥於咸淳末歸里,至終老香巖,凡二十五年,「三十年」是取其成數而言之。

大德六年壬寅(1302) 卒後四年

劉莊孫(正仲)卒,年六十九。葬於士奥之龜峰。其後二十四年,袁桷爲作《劉隱君墓誌銘》,見《清容居士集》卷二十八。

胡三省卒,年七十三。

戴表元薦授信州教授(儒學官)。按:袁桷《戴先生墓誌銘》及《元史》卷一百九十本傳,均作大德八年。孫蕃侯《戴剡源年譜》引《剡源集》卷十五《安陽胡氏考妣墓誌銘》表元自述爲大德壬寅,即大德六年,且同卷《游鄉貢墓誌銘》表元自述,亦爲大德六年。應以大德六年爲近真。從之。

元武宗至大三年庚戌(1310) 卒後十二年

三月,戴表元卒,年六十七。見袁桷《清容居士集》卷二十八《戴先生墓誌銘》。

至大四年辛亥（1311）　卒後十三年

三月，胡長孺爲《閬風集》復刊本作序，稱岳祥詩文《閬風集》「最爲大全，板本既燬於兵，子叔獻將復刊之，家窶甚，力不能任」。乃有「鄉黨、朋從與異世慕用之士，相與出資貨以給費」而復刊之。序中盛贊岳祥「負奇氣」，「其視齪齪瑣碎，雖達官貴人，若遺涕唾，不肯一回顧。少年已擢巍科，同時流輩往往涉足要津，己獨凝立却行，不能以分寸爲進」。又贊「其文凌張文潛、秦太虛而出其上，其詩韓子蒼、陸務觀不足高也」。末署「至大四年龍集辛亥三月，永康胡長孺序之於海上仙源觀」。《文淵閣四庫全書》本《閬風集》首列胡序，現收入《全元文》。按：胡長孺（1249—1323）字汲仲，號石塘，婺州永康（今屬浙江）人。咸淳中，銓試第一，授迪功郎，監重慶府酒務。宋亡，退棲永康山中。至元二十五年（1288）元世祖下詔求賢，有司强起之，拜集賢修撰，改教授揚州。元貞元年（1295）移建昌，兼攝録事官。至大元年（1308）轉台州路寧海主簿，多惠政。延祐元年（1314）以病辭，隱杭之虎林山以終，門人私謚純節先生。《元史》卷一百九十有傳，明初宋濂《宋學士全集》卷十有《胡長孺傳》。著有《瓦缶集》、《南昌集》、《寧海漫抄》、《顔樂齋稿》等，均佚。今存《石塘稿》一卷，見《元詩選》二集，《全元文》輯得其文十五篇。

元泰定帝泰定四年丁卯（1327）　卒後二十九年

八月三日，袁桷卒，年六十二。謚議稱其博聞多見，臨官清正，謚文清。

清，史學家、思想家全祖望提出應當爲岳祥立祠以祀。

《鮚埼亭集》卷五《剡源九曲辭》有云："「予謂帥初以薄禄受教授之官，宜爲黄、萬二公所貶。其時流寓榆林者，曰舒閬風、劉正仲，高節可師也，帥初愧之矣。當立祠以祀舒、劉二子，而帥初姑置焉。」按：舒、劉二子入元後堅持宋遺民氣節，雖嚼雪餐冰，終不仕元。而帥初終於大德六年受元之聘，起爲信州教授，由此受到全祖望的批評。全氏對「遺民」的標準要求，竟是如此之嚴格。

附録一 《閬風集》序跋與舒岳祥傳記資料選輯

舒閬風文集序

宋　吴子良

余自丱學文，諗遊從於海内，欲求異稟靈識如漢賈誼、終軍，唐李觀、李賀，本朝王令、邢居實輩，杳不可復得。輒過疑天地間春淑秋澄之氣，徒歲鍾於奇葩怪植、殊珍大貝，而人獨受之者少邪？不然，則余之耳目狹，不足以得也。癸卯秋八月，乃始得舒生，首示余兩編。余讀《蓀墅稿》，如登岱華，檜柏松椿樅杉梗樟之幹，掀舞而偃踞，槎牙而陰森；如涉大海，龍蜃蛟螭，鯤鯨黿鼉，號風潠雨，叱霆捩電，朝莫變怪之百出；如觀武庫，戈甲犀利，光芒閃爍，毛髮森聳而膽爲寒；如步寒皋，眺遠渚，煙深月澹，鴈嘈嗥而鶴孤唳。讀《史述》，如神禹隨山刊木，百川順逆之勢畢露；如季札觀周樂，聘列國，逆料其理亂興亡皆暗合；如馮婦徒手搏虎，如子路片言折獄。蓋其通達近誼，辯博近軍，贍鬱近觀，奇詭近賀，勁挺近令，清峭近居實。余驚喜，恨得之晚。進之曰：誼也隘，軍也諂，觀也膚，賀也浮，令也激，居實也儈，生豈此之儷乎哉！

余聞之也，論太高者奇勝正，其於行流之狂；辭太工者華掩質，其於學失之贅。惟趨平實則一祖孔氏，莊、列其誕者也；惟務正大則一宗孟氏，屈、馬其靡者也。生既早獵羣書，氣豪骨老，不肯躡舉子後，方且磨礱浸灌於性命道德之説，駸駸焉異禀靈識，孰如生者？生其此之慎乎哉！今生之年甫二十有六，異禀益宜養，靈識益宜充，又二十六年，巋然以行學立閬風上，追前哲而啓後來者，必生也。臨海吴子良序。

（録自《嘉業堂叢書》本《閬風集》卷首，校以《全宋文》卷七八六三吴子良一）

閬風集序

宋　王應麟

讀《虞書》賡歌，可以見詩之雅正；讀《夏書·五子之歌》，可以見詩之變風變雅。世道之隆汙不同，而詩之正變亦異。然天典民彝之正，萬古一心也。士生斯世，豈不欲以和平之聲鳴國家之盛？時不虞氏也，遇合不皋陶也。於是《離騷》興焉，佹詩作焉。曰指九天以爲正，曰弟子勉學，天不忘也。不求人知而求天知，一心之唐、虞，豈與世變俱化哉？此陶靖節、杜少陵所以卓然爲詩人冠冕，而謝靈運、王維之流不足數也。論詩者觀其大節而已。

余少時，已聞舒景薛言語妙天下。景薛更字舜侯，擢丙辰第，與余弟仲儀爲同年進士。然自重難進，閱羣飛之刺天而無競心，不得弦歌《生民》、《清廟》之章薦之郊廟；又不得紬金匱石室書續左、馬、班氏之筆。晚歲涉坎險，歷蹇難，萍流蓬轉，有陶、杜所未嘗。氣益勁，思益深，胸中之書不燼，方寸之廣居浩乎其獨存。弄雲月於嵁巖之下，友漁樵於寂寞之濱。固窮守道，皓皓乎白璧之全。其文如泉出山，達乎大川而放諸海，有本者如是。何謂本？大節之特立也。

余與舜侯別二十餘年，時得見其詩文。一日書來，以《辟地》、《篆畦》、《蝶軒》三稿惠教。讀之如朱弦疏越之音，一唱三嘆。年進而學日進，學進而文日進。《述酒》之微婉，《同谷》之悲壯，友陶、杜於千載，德業之進亦未艾也。《三史纂言》考訂精確，惜不令作宋一經以垂無窮。嘗以「晚易」名齋，探索三陳九卦之藴，以處憂患。顛沛流離不能詘其志，厄窮憔悴不能更其守。在《賁》之初九，「舍車而徒」，此《賁》之所以爲文，豈槧人墨客所能識哉！

舜侯贈余詩曰：「從來明月無今古。」此坡老所云「浮雲世事改，孤月此心明」。余不足以當之，而教我之意厚矣。「凡百君子，各敬爾身」，蓋朋友相勉之詩也，願相與切磋焉。旃蒙協洽歲圉陽月既望，浚儀遺民王應麟序。

（録自影印《文淵閣四庫全書》本《閬風集》卷首）

閬風集序

元　胡長孺

舒先生既捐館舍之十年，遺書有《夢蝶軒稿》、《篆畦詩》，已鋟梓行世。獨號《閬風集》者最爲大全，板本既燬於兵，子叔獻將復刊之，家窶甚，力不能任。且以三百年來諸公詩文論之，梅聖俞《宛陵》，蘇子美《吴中》，歐陽永叔《廬陵》，蘇明允父子《成都》、《建安》、《九江》，王介甫《臨川》，曾子固《盱江》，陳同父《婺郡》，葉正則《海陵》，豈其家子弟爲之哉？古儒先生也，門人、父子傳其書，轉相教授，及後來摹印簡便之説（原闕）則鄉黨朋從與異世慕用之士，相與出資貨以給費。《閬風集》，是三人者盡將刊之。先生負奇氣，固伯仲諸葛孔明、王景略，其視齷齪瑣碎，雖達官貴人，若遺涕唾，不肯一回顧。少年已擢巍科，同時流輩往往涉足要津，已獨凝立却行，不能以分寸爲進。其文凌張文潛、秦太虚而出其上，其詩韓子蒼、陸務觀不足高也。至大四年龍集辛亥三月，永康胡長孺序之於海上仙源觀。

（録自影印《文淵閣四庫全書》本《閬風集》卷首）

四庫全書總目・閬風集提要

《閬風集》十二卷，宋舒岳祥撰。岳祥字舜侯，寧海人。寶祐四年進士。官奉化尉，終承直郎。宋亡不仕，教授鄉里以終。《兩浙名賢録》載所著有《史述》、《漢砭》、《補史》、《家録》、《蓀墅稿》、《避地稿》、《篆畦稿》、《蝶軒稿》、《梧竹里稿》、《三史纂言》、《談叢》、《叢續》、《叢殘》、《叢傳》、《叢肆》、《昔遊録》、《深衣圖説》，凡二百二十卷。今多散佚。焦竑《國史經籍志》載岳详《閬風集》二十卷，世亦無傳。檢《永樂大典》中所載岳祥詩文，間題《篆畦》、《蝶軒》、《蓀墅》諸集名，而題爲《閬風集》者居十之八九。似當時諸稿，本分帙編次，而《閬風集》乃其總名。今原書卷第已爲《永樂大典》所亂，無可辨别。謹依類裒輯，釐爲詩九卷，雜文三卷，仍其總名，以《閬風集》名之。又集中有《百一老詩序》，蓋即所賦《老漁》、《老獵》之類，似原本亦别爲一集。然所闕已多，不成卷帙，故亦不復分析焉。岳祥少時，以文見吴子良，子良即稱其異秉靈識，如漢終賈。晚逢鼎革，遁迹終身，乃益覃思於著作。其詩文類皆稱臆而談，不事雕績。集中有《詩訣》一首云：「欲自柳州參靖節，將邀東野適盧仝。」又云：「平原駿馬開黄霧，下水輕舟遇快風。」其宗旨所在，可以想見矣。

重刻閬風集叙

章梫

光緒甲午以前，予從《四庫全書》中鈔出鄉先正舒閬風集十二卷。時海宇無事，從容文學，意以鄉賢遺著録之以資矜式，未及究其身爲遺臣，艱難困苦之若是也。自宣統三年辛亥八月武昌變作，海内騷然，予官京朝，義不能去，風鶴迭警，一燈熒然。是年臘月，下詔遜位，繼以兵變。自壬子以迄甲寅，三年之間，避地天津、上海、青島，嗣返故里，復寓上海。或以兵災，或以匪警，或以荒年，無所得食而去，流離瑣尾，困苦萬狀，與閬風遭宋末元初之變，入鄞、入剡，寄居棠谿，逃匿荒山，窮途凍餓，無一不同。而其集中書事即事，避地貸食，罪言雜言，詠物托興，贈友感舊諸作，拳拳故國之思，仳離慘惻之狀，又無一不爲予寫照者。嗚呼！此非予親歷其境，何能知其心之痛耶？

烏程劉翰怡京卿，侍其本生父澂如學士避地上海，亦身遭此變者。其孤懷耿耿，搜求古籍甚備，校刻《嘉業堂叢書》，取《閬風集》刻入之，其不第爲表章鄉先哲遺著可知也。予又念寧海宋末多遺民，閬風與胡三省身之，皆登寶祐四年文丞相天祥之榜，志行高潔，無愧於丞相。身之《通鑒注》失而復完，今行於世；其《竹素園稿》百卷則無一字存矣。閬風著述百數十卷，僅存十一，翰怡爲梓行於六百年後大亂之餘，其猶不幸之幸與？

予生閬風同縣，會遭斯變，先後同符，校讀一過，率述身世之大略如此。所謂千古傷心人，大都共此懷抱也。至四庫是集輯自《永樂大典》，重録本誤字錯見，翰怡又別得一鈔本校訂多處；王玫伯觀察又寄所録四庫本所無詩文與吳子良《閬風集叙》諸篇，予并益以《光緒寧海縣志》所載《閬風行狀》，別爲補遺、附録，附諸卷末云。乙卯春正月寧海章梫叙於上海寓廬。

（録自《嘉業堂叢書》本《閬風集》卷首）

嘉業堂叢書本閬風集跋

劉承幹

宋舒岳祥景辝撰。景辝一字舜侯，寧海人。寶祐四年進士，官奉化尉，終承直郎。宋亡不仕，教授鄉里以終。著有《閬風集》二十卷，久無傳本，館臣從《大典》所載景辝詩文問題《篆畦》、《蝶軒》、《蓀墅》諸集名者匯輯之，編爲《閬風集》十二卷，以存景辝詩文之大概。黄巖王玫伯觀察、寧海章一山檢討又從《宋詩紀事》録詩三首、《三臺文獻録》《寧海志》録文二篇。景辝少時以文見吴子良，又從《赤城後集》補吴子良序，别采行狀、府縣各志，輯其仕履一卷，可謂完善。景辝生負異才，身遭國變，流離坎坷以終其身，生前之厄可謂已甚。至於著書，見目録者約十一種，屢經兵燹，蕩作寒灰，等身著述，一卷不存，身後之厄，不亞生前。今猶存此詩文十二卷，又得鄉後學褒益之，不至文采翳如，則又不幸中之幸也。歲在旃蒙單閼立秋節，吴興劉承幹跋。

舒閬風先生行狀

宋　劉莊孫

公諱岳祥，字舜俟，以舊字景薛行。台寧海閬風里人也，故稱閬風先生云。蓋舒氏本出姬姓，皋陶之後。至唐有曰恒者，爲武昌將校，生四子：曰元輿，爲唐宰相；曰元肱、元迥，并登進士第；曰元褒，舉賢良方正，官至司封員外郎，居婺。元褒生守謙，爲校書郎，自婺徙越，台、明之間，今皆有舒氏。其族有名公巨人，皆越徙也。其徙台而爲遷國之宗者，曰師錫，守謙之子也。師錫生公受，仕吴越錢氏爲金馬召三都，宋興，隨錢氏入朝，告老還里。公受五世孫蒙，生三子，長曰琉，宋宣和間睦寇作亂，傾家助軍，遣琉提民兵破賊桐巖，憲臣韓俟以功奏補承節郎。承節之孫曰倫，於公爲曾祖。倫生櫄，是爲拙齋先生，於公爲祖。櫄生純，是爲復堂先生，於公爲考。復堂以紹定戊子用趙丞相葵牒試浙漕舉場，預薦其後當以累舉恩補官，不拜；以二子并登科第入官，累封宣議郎。有曰鹿臣者，中江東漕舉，其子夢庚，由太學舍人選登甲科，官至國子學録，别於蒙之仲子者也。有曰景愈者，中鄉舉，其弟景雲由太學内舍登進士第，官至奉國軍節度推官，别於蒙之季子者也。於是舒氏三族俱以進士起家，遂爲寧海名族矣。

其初實由復堂發之，自蒙而下至公七世爲大宗。公生而氣豪骨老，童時出語輒驚人，落筆不肯隨人後，踔厲風發，士林老宿莫不屈輩行與之交。拙齋少從其宗人文靖公璘學，得象山大意，微以語公，輒悟。是時國家方表章建安朱氏學，公稍長，聞其説於耆老大儒，作《原性》諸文，寔能會朱陸深微之論。弱冠識篔窻先生陳公，公以語荆溪先生，吴公見其文，奇之，比之賈誼、終軍，序之曰：

讀《蓀墅稿》，如登岱華，檜柏松椿樅杉梗樟之幹，掀舞而偃踞，槎枒而陰森；如涉大海，龍蜃蛟螭鯤鯨黿鼉，號風噀雨，叱霆掞電，朝暮變怪之百出；如觀武庫，戈甲犀利，光芒閃爍，毛髮森聳而膽爲寒；如涉寒皋，眺遠者（渚），煙深月淡，鴈嘈嗥而鶴孤唳。讀《史述》，如神禹隨山刊木，百川順逆之勢畢露；如季札觀周樂、聘列國，逆科（料）興亡理亂皆暗合；如馮婦徒手搏虎，如子路片言折獄。蓋其通達近誼，辨博近軍，贍鬱近觀，奇詭近賀，勁挺近令，清峭近居實。余驚喜，恨得之晚。進之曰：誼也隘，軍也諂，觀也膚，賀也險，令也激，居實也傖，生豈此之儷乎哉！

吴公初待公以文字官選，疑未嫻爲吏，每試以民事，移牘日紛下。條分件剖，辭采爛然。益奇之，乃知公材可大用，不第中文字官選也。

旋攝令定海。未幾，丁復堂憂。服闋，注監廣德贍軍酒庫。未上，有趙公時棄，鄉人也，守霅，以檄公攝其州掌書記。遇度廟登極，例有犒軍錢，時朝廷方廢十七界會子，而以關子與十八界會子并行。民間訛言十八界亦廢。軍人必欲得闕子而後謝，突入府廷噪讙。府軍時未有見闕，倚公辦集，立論遏軍人。公立杖主計吏，以便宜立具見闕，曉以一言，皆諾而退。已而陰察倡亂者誅之，若無事。趙公將聞於朝，辟爲真。公謝止之。蓋不欲以粗材見目於人，而自是益務斂藏。

會菊坡趙公與耑尹京，公素相知，以江漲稅官辟入府幕，將面薦之上。而故相葉信公時在西府，亦以文字官薦，先被旨考校國子生補試，旦夕且除職事官。既而哭景韓之喪於長洲，繼丁母安人王氏憂。服闋，會故人山泉陳公蒙總餉金陵，以黄州分司大軍倉辟入總幕。居常相與商論軍國之政，暇則談文講道，之秦淮，登冶城，遊東山而招謝安，歷長安而酹李白，周覽晉宋南渡古今之遺迹，賞勝江山，不煩以吏事。陳公後以移用軍餉，用讒者得罪，毫髮於公無預。裕齋馬公，恕齋吴公，相繼爲沿江制閫，争辟公，皆不就。謂人曰：「主我者以罪去，而吾固利獨留邪？」士益以此高之。

歸而謁選待次越之理掾，復遇故人於山鮑侍郎度除沿海制閫，以五鄉酒官辟入制閫。已而於山罷去，繼者皆願留公，而公益自厭，將歸遂其初志。故人董正翁楷除湖南轉運，寓書於公曰：「知先生宦情已薄，尚有意湖湘之遊乎？」公曰：「往時荆溪公守潭，瀟湘岳麓之勝恨未能一寓目焉，倘有餘緣，當一一訪公舊遊也。」辟書上。

會恕齋謝樞密以節度使奉朝請名戚里，好賢下士，欲留公於都，共訂諸儒所評論司馬公《通鑑》事，將成一家之作，奏入經筵備講讀。公將從之，曰：「此豈不差賢於數千里從人作吏者乎？何惜以此成謝公之美？」乃謂其門人太學劉莊孫曰：「向嘗與子有西湖之約，便當載筆硯書册，日就湖中共成此事可乎？」謝公聞之欣然，風京尹南豐曾公淵子，辟公爲户部酒所準備差遣。賈魏公時當國，以此職爲朝士梯級，賈亦素知公名，嘗欲用爲朝士，以公尚氣簡直，向人不肯作軟媚語，不即用，將盤摺抑挫久困而後用之。命下，意有所不樂，徑棄去不顧。知公者亦莫解其去意。逾年而賈敗，始知公審於去就之義，見機而作也。

先是，公嘗修葺家園，娱奉二親，臨高眺遠。築亭館臺榭，列植竹樹花果，歲久成陰。於其曲折爲徑如篆文，命之曰篆畦。公既不仕，將於此優游卒歲，以逸其老。扶輿策杖，穿幽透深，時與賓友詠歸高堂，講論黄虞，談諷孔老，致足樂也。獨不免奪於憂患横逆者，其數數然。其去是而寓他所者，於鴈蒼，於□峰，於越之雪溪，於明之堂墺；或避吏，或避兵，道途所經，冰雪顛沛，人所不堪者，處之超然，大篇小章，把酒成詠，其氣浩乎其不衰，而卓然獨立之志不少挫也。然亦藉北方豪傑知公爲江南人物之冠冕，咸施慕敬，或以郡太守，或以部使者屈之；學校行尊老之禮，用以警動流俗，示意於吏民。其在學校能爲公禦侮之子路者，梅林應明叔也。以此亦得以燕樂高年，而一以斯文自娱，其見於所爲詩文皆可考也。

公之文，其於南北者，今皆刊本。凡作於丙子以前者，有《蓀墅稿》四十卷，《史述》十八卷，《漢砭》四卷，《補史》一卷，《家録》三卷；若《避地稿》、《篆畦稿》、《蝶軒稿》、《梧竹里稿》、《三史纂言》、

《談叢》、《叢續》、《叢殘》、《叢傳》、《叢肆》、《昔遊録》、《深衣圖説》，總二百二十卷，皆丙子以後所作也。嗚呼，公之用心於斯文可謂盡矣！然其文之出於平實正大，由諸老之淵源而溯諸孔孟，其果盡於此乎哉？公之少作，荆溪公既評之，而人得以知公之道；其作於中年者，明潔而清峻，麗密而深雄；其作於莫年者，詩益精妙，文益宏肆，大約如丹漆白玉，不假雕飾，晶采焕發，如深山大澤，珍異所産，寶藏所興，日月之光景，煙雲之姿狀，出於自然，不可摹寫，世未有知而評之者，固有待於後世之子雲。嗚呼！使公及顯用於當時，得行其道，以其芒未發之於文，爲大詔令，爲大典册，將與六經并傳，豈特如是而已哉！歐陽公以文章顯，其道行於天下，然猶自恨其文無所發。有如公之不幸而發之山林草野，流離傾側寂寞無人之地，所與上下議論者不過俗儒寒畯、隱約耕釣之徒，毁譽止於禽魚，褒貶止於草木，豈不可嘆也夫！豈不可悲也夫！雖然，自昔聖人賢士，其言之存而至今者，例皆窮愁不得志所爲。然使斯文藉此有傳，苟有得以鳴國家之盛，爲唐虞典謨，爲商周雅頌，推其道之所出者如水下流，衣末裔之於其本領，其事固未可以一時計、一身論也。天生其人以扶植斯文，而存孔孟之道於萬世之下者，固應如是。世之所謂窮達得喪者，宜不得而與焉。

公平生爲人，意度超邁，精神散朗。方其年少，以材氣自負，於人少許可。見之者固疑其門庭高峻，可望不可親也。然親之者但見其坦然樂易，語無城府，一觴一詠，時發清言，灑然有魏晉間風流。人有負之者，事已輒止，一笑釋然，未嘗宿怨藏怒。其晚年益去崖岸，苟有一藝一善可稱，見無不納，始乎疑公者反謂容接太廣也。

初，公之生也，其曾祖母王夫人年九十六，夢人授公母安人以蛛網，拙齋問其狀，以爲與奎象類，故始名奎。其卒也，先一年夢有神人傳帝命，授公梅花城長，嘗爲《梅花書塾》三十章記其事。明年公果卒。嗚呼，異哉！梅花之有城，吾固知其神仙境界也。神仙之説，世不能必其有無，使天地間果有梅花之城，非公孰長之哉？公之精英其得之天者如是，固人中之神仙也。公卒時年八十，無疾病，對客談笑，吟詩作字，日不廢，略不見有老人衰憊意。一日，賦《天門雜詠》，甫成三章，其一章云：「棋尋五老智識長，茶煮八公肌骨仙。應是青牛遺舊迹，不知白鹿去何年。」此絶筆也。越二日而卒，沐浴隱几，略無俗言。門人以故事士有易名，私謚公文清先生。

公生於宋嘉定己卯十一月二十七日，其卒以大德戊戌六月十九日。安人王氏先卒。有丈夫子五人：庭堅、仲容、仲堪、叔獻、季臨，女一人，適故宗正少卿方公猷之孫應飛，亦先卒。孫男六：延祖早卒，繩叟、楊叟、宏叟、熙叟、溪叟，曾孫光曾。其五子將以今年十二月壬申奉公柩葬於傅嶺之南。其地乃公葬王安人時所卜，公實坎其右爲壽藏，以其地後遭樵火，欲易之卜，今地不食，遂從其舊。公之葬也，宜得聞人爲之銘。其五子命莊孫曰：「銘者必先狀其行爲底，知先人行事之詳者，宜莫如子，誼不得而辭也。」乃取其家系譜、詩文歲月，序其梗概。嗚呼，莊孫豈知公者哉！文既成，其五子復請序其官。按宋制，第進士以選人入官者，法以六考得五舉主改京官始通籍得上殿，凡仕宦常人皆能致。又有不由此法而登貴顯者。公以丞相文文忠公榜下及第，凡二十餘年，書考得舉僅如法，合改官奉議郎，此不足爲公言也。然爲之舉主者皆其時名人：曰吴丞相潛，江丞相萬里，葉丞相夢鼎，馬參政光祖，李尚書芾云。大德三年九月既望，門人劉莊孫狀。

（《嘉業堂叢書》本《閬風集》附録，引自光緒《寧海縣志》卷二十藝文内編。《全宋文》、《全元文》均未收。）

先君子述師友淵源録（摘録）

元　袁桷

舒岳祥，台州寧海人。七歲能作古文；弱冠謁吴子良吏部，大奇之。吴學於陳耆卿舍人，舍人學於葉適正則。以師道自任，好譏侮。晚歲詩益工。官慶元時，與之遊，後作書，俾桷往事之。

（《清容居士集》卷三十三）

赤城新志·舒岳祥

明 謝鐸

舒岳祥字舜侯，一字景薛，寧海人。寶祐四年進士，官終承直郎。年二十六時，以文見吴荆溪，荆溪稱其異禀靈識，如漢賈誼、終軍，唐李觀、李賀，本朝王令、邢居實輩。後果以文學名。奉化戴表元在元大德間爲東南大家，其學得於岳祥者爲多。所著有《史述》、《漢砭》、《補史》、《家録》、《蓀墅稿》、《避地稿》、《篆畦稿》、《蝶軒稿》、《梧竹里稿》、《三史纂言》、《談叢》、《叢續》、《叢傳》、《叢肄》、《昔遊録》、《深衣圖説》，凡二百二十卷，學者稱爲閬風先生。

康熙浙江通志·舒岳祥

舒岳祥，寧海人。寶祐進士，終承直郎。初授奉化尉，葉夢鼎薦起之，憂去。故人陳蒙總餉金陵，辟入幕府，與商軍國之政。蒙以讒去，沿江制閫争辟之，皆不就。尋有欲留岳祥於都，訂論温公《通鑑》，事成薦之經筵。岳祥將從之，與門人劉莊孫載書册以往。時賈似道當國，以岳祥尚氣簡直，將盤折抑挫而後用之。徑棄去不顧。逾年賈敗，始知岳祥審去就之義。弟斗祥，賦性文雅，好學尚禮，淳祐進士，官至長洲令。

光緒寧海縣志・舒岳祥

舒岳祥字景薛，一字舜侯，寶祐四年進士，官終承直郎。童時出語驚人，博通五經。年二十六時以文見荆溪吴子良，子良稱其異禀靈識，如漢終、賈。爲文刊黜浮華，本之於道。初授奉化尉，葉夢鼎薦起之，憂去。故人陳蒙總餉金陵，辟入幕府，與商軍國之政，暇則談文講道，不煩以吏事。蒙以讒去，沿江制閫争辟之，皆不就。尋有欲留岳祥於都，訂論温公《通鑒》，事成薦之經筵。岳祥將從之，與門人劉莊孫載書册以往。時賈似道當國，以岳祥尚氣簡直，將盤折抑挫而後用之。命下，徑棄去不顧，人莫解其意。逾年賈敗，始知岳祥審去就之義。宋鼎革不仕，爲赤城書堂長，教授鄉里，其規約如藍田、麗澤，一時人文之盛五邑無比。剡源戴表元、四明袁桷并從岳祥遊。晚益覃思著作，詩文皆稱心而出，自有不履不衫之致。有《詩訣》一首云：「欲自柳州參靖節，將邀東野適盧仝。」其宗旨可見也。當時與甬上王應麟并以文名海内。所著見《藝文》。居閬風里，學者稱爲閬風先生，祀鄉賢。

附録二　舒岳祥交遊述略

一、交遊綜述

舒岳祥的交遊，見於《閬風集》者，約八十人（親族和間接涉及者不計）。見於劉莊孫《閬風先生行狀》者十五人，其中與《閬風集》所載諸人相重復者，僅董楷、謝堂、陳蒙、劉莊孫四人，這十五人，除劉莊孫外，多爲當時的達官貴人，《宋史》或《宋史翼》有傳。如爲岳祥改京官的「舉主」五人：「皆其時名人：曰吴丞相潛，江丞相萬里，葉丞相夢鼎，馬參政光祖，李尚書芾。」此五人皆當時朝廷重臣，《宋史》皆爲立傳。對這些達官貴人，本文自然無須贅言。又，本譜中已作較詳細介紹者，本文亦不再重述，如黄東發、謝堂、謝昌元、吴子良、陳耆卿、劉士元、王任等。本文擬予介紹者，多是《閬風集》中所提及的名不見經傳的「小人物」，這些「小人物」多爲寧海、鄞城以舒岳祥爲中心的宋遺民詩人。其中劉莊孫、戴表元、王達善三人，與岳祥關係尤爲密切，有其特殊性，兹作專文介紹，其他則擇要逐一介紹於下。

袁仲素、季厚兄弟，奉化棠奥（或寫作「棠谿」、「棠溪」）人。仲素名清之（宋陳著《余自邑歸棠溪，袁仲素兄弟拉歸宿，次日苦留連，偶病，以八句辭》自注：「袁仲素名清之。」此可補北大本《全宋詩》四一〇三五頁之缺失），能詩。至元二十六年己丑（1289）夏，岳祥避亂寄居其家。《閬風集》卷十《蝶軒稿序》：「己丑春，盜起兵作，書焚廬毁，身外無餘物矣。是夏，避地奉化棠谿，袁仲素、季厚兄弟樂善好事人也，爲予灑掃一室，延入居之。」夏天酷熱，二袁爲岳祥架杉棚以蔽烈日，岳祥作《二十八日借居喜杉棚成》詩：「夏炎已云極，秋暑方自茲。借居面西日，午後如烹炊。主人愛敬客，架杉覆青枝。赫日辟三舍，鮮飆泛淪漪。……我本無家客，禄盡壽有遺。得此已厚忝，銜感以成詩。」《廣孝庵記》（《閬風集》卷十一）又云：「奉化棠奥袁氏，昔以富潤屋，今以儒美身，子弟彬彬向文學矣。余以己丑夏，避婺寇至其地。袁仲素、季厚闢堂下榻，若久故焉。余家三百指，其至如歸。……二袁向人不作難色，余以是賢之，欲載其事，附見於余集中，使有傳焉，然未得其目。暇日行其考潘奥之墓道，有石誌峙焉，乃戴帥初作也。載袁君鎮行事，歷叙丙子避亂，初至棠奥，袁君延至其家，聚其尊稚而處焉。然後知二袁於我敬禮之意，有自來矣。」戴表元（帥初）「丙子避亂，初至棠奥」事，戴表元《剡源集》卷二十八《坐隱辭》序，述及「移家棠奥」事，而且帥初至老仍保持著與二袁的親密關係。《剡源集》卷二十九《寄袁季厚》詩有「莫笑衰顔老剡翁」、「白頭交往有書通」句。至元二十七年春，岳祥將别棠溪歸鳳棲，於二袁有依依惜别之意，乃作《將别棠谿遺仲素季厚昆仲》（《閬風集》卷一），有云：「新交勝舊交，生别猶死别。……去住誠兩難，主客新握别。……倚君爲大廈，顧我顔色悦。無家未易歸，無産難久歇。……不敢久累君，去去春二月。爲我謝王戴，徽音無斷絶。」岳祥回家之後，「二袁移書問勞相續」，於岳祥生日之時，二袁惠羊酒詩賦祝壽。《閬風集》卷二有詩《生日仲素惠羊酒作此奉謝》：「去年蝶軒饋羊酒，主人憐我空無有。……今年病叟早還山……忽聞棠谿有書至，袁詩陳賦兩輝煌。」自注：「來詩有『一松五鳳雛』之句。」蓋謂此時岳祥已有五子也。「一松五鳳雛」也是袁仲素借岳祥詩流傳下來的唯一一句詩。至元二十八年冬，季厚之子本，奉二父（仲素、季厚）命，以潘奥廣孝庵請岳祥作記。至元二十九年二月，岳祥爲作《廣孝庵記》，備述其關於「孝」的思想。岳祥又有詩《寄袁中素季原》（詩見欒貴明《四庫輯本别集拾遺》，「中」當爲「仲」，「原」當爲「厚」），可見二袁與岳祥一樣，入元後也是避世隱居之人：「清談疏世慮，知髪度年華。雀飲盆中水，蜂尋案上花。郊原新射雉，陂蕩早開（當爲「聞」）蛙。得句何人贈，棠溪有竹家。」

范心齋，醫博士，曾爲岳祥醫治目昏。《閬風集》卷一有詩《贈醫博士范心齋》，贊其醫藥、針灸術之高明：「疾病之所生，風寒燥濕毒。浸淫侵臟腑，脉絡起絲粟。有藥所不攻，針砭功始録。……范子故書生，於此見也獨。十年從良師，神秘卷篋櫝。我疑秦盧扁，垣墻能外矚。又疑華佗子，披臟先剖腹。范生何大奇，方書可無讀。我老目已昏，煩君爲濯滌。……與子作佳傳，當與太史續。」

曹季辯，宋遺民，詩人。岳祥稱之爲「避地客」、「離居客」。有詩集《山中性情》。《閬風集》卷一

《十蟲吟》序云：「……今曹季辯示予詩一編，名《山中性情》，其中有詭異似柳南者。至於奇不失正，則幾於元次山、孟東野矣，不止柳南也。爲作《十蟲吟》以擬之，觀者又當絶倒也。」由此可知岳祥作《十蟲吟》，是受了曹季辯《山中性情》的影響。岳祥寫及曹季辯的詩尚有六首：《閬風集》卷一《聞鳩有作，喜爲晴兆也，是日開霽，又喜其占之有驗，再賦之，以貽達善季辯……》，卷四《次韻答達善季辯》、《春晚聞霰，客思淒然，兩日不見達善季辯，書懷奉寄》，有「同是離居客，相逢吊歲華」句，卷六《新曆未頒，遺民感愴二首，貽王達善、曹季辯、胡山甫、戴帥初，諸君皆避地客也》二首，其一傾吐遺民内心的淒苦：「故國山河成斷絶，孤臣江海自飄零。窻間取月離離白，樹下窺天碎碎青。一鴈不來山驛静，千梅欲動客愁醒。新年未賜王春曆，三尺堯階自有蓂。」其二更進一步説：「兵甲縱横滿天地，衣冠顛倒走風塵。」言盡遺民之痛苦。同卷另有《再和前韻答達善季辯》。曹季辯所作詩，無一存者。

王德淵，詩人，有詩集《水西稿》。《閬風集》卷一有詩《題王德淵水西稿》（《嘉業堂叢書》本「淵」作「囦」，乃「淵」的古體字），對王德淵其人其詩評價頗高：「子有婉微句，藏之平淡間。想子無慍色，熙熙好容顔。吉人罕暴戾，詳緩心自閑。吾知子用意，欲挽陶韋還。欲以静息競，欲以柔鐫頑。坐使聽者心，悠然和且安。子來索我語，我與子無言。評茶及品水，此事在舌端。還有分別否，歸鴻没遠天。」

子堂，蓋姓故氏，岳祥佚詩《賤生之日邀正仲子堂小酌觀萬堂》有句「試呈容日劉胡我」，「胡」應指子堂，隱者，好佛，借居清蓮寺讀佛經，見《閬風集》卷三《寄子堂》題下自注。該詩有云：「知君不寂寞，禪悦（《嘉業堂叢書》本、四庫本皆作「脱」，北大本作「悦」。禪悦本佛家語，以「悦」爲是）只空房。書卷依經藏，吟聲繞寺廊。……」可見其好佛而又能詩。從岳祥有關詩中看，子堂與岳祥關係比較密切。卷五有詩《賤生之日邀正仲子堂小酌》是岳祥六十九歲生日所作，生日「小酌」，唯邀正仲、子堂，可見與岳祥關係當與正仲等。《四月初四日正仲子堂及可大梅所周煉師會耕養堂》，稱諸人「相逢總佳士」；卷七《九日與正仲子堂君英舉酒於篆畦……》，重陽宴會，亦有子堂；而在《寄子堂》中又與子堂相約：「羊求三徑約，來往莫相忘。」在另一首《寄子堂》中，更與子堂相勉勵：「人生難自料，身後要名垂。」（上引兩首《寄子堂》皆見欒貴明輯《四庫輯本别集拾遺》）蓋子堂亦入元後隱而不仕者也。

潘可大，即潘少白，天台人，詩人。曾以竹拂子贈岳祥，《閬風集》卷五《詠竹拂子謝潘可大》，有「天封竹拂子，贈我意何勤」、「書齋添道氣」諸句。戴表元《剡源集》卷二十八有詩《贈天台潘山人》題下注曰：「號秋崖」。「山人」、「竹拂子」、「道氣」，有其自然而必然的聯繫，潘山人當是潘可大。戴詩有云：「老潘雙眸如紺珠，帶以秋陽朝露之清腴。山形水態出没千百變，經君指顧不得藏錙銖。……聞君談診到骨髓……尋牛卜龍古所有，君家子孫三葉傳青烏。」「青烏」，古謂堪輿之術也，是則潘爲堪輿家。潘可大曾著《孫子釋文》，戴表元有《潘可大孫子釋文序》（《剡源集》卷八），贊賞潘「至稱仁人之兵，主於除天下之害，其殺之也，所以生之」之説，認爲「其心仁，其術慎，其於詐利也遠矣」，又曰：「君名衍翁，天台人。」《閬風集》卷七有詩《謝潘大惠萬歲藤杖》（「潘」，四庫本作「彌」，此從《嘉業堂叢書》本）潘大似即潘可大。又同卷詩《又詠萬歲藤杖酬正仲并謝元惠主人潘少白》，由此可知潘大即潘少白，詩云：「不求海上千金藥，且覓山中萬歲藤。潘子入林親揀得，舒翁履險力扶能。乞君瘦硬蒼龍節，伴我清羸病鶴形。莫向潭邊令照影，忽然變化老誰憑。」潘少白又曾以零陵石贈岳祥。《閬風集》卷二有詩以序代題云：《潘少白前歲惠予零陵石一片，方不及尺，而文理巧秀，有山水煙雲之狀，予以作硯屏始成，因賦長吟以遺之》，題下注：「庚辰二月十八日」，即至元十七年（1280），詩長不録。潘少白又號特山，《閬風集》卷二《題潘少白詩》：「特山吟稿適在案，讀罷不知山月高。」卷五《秋日書事貽潘少白》：「憑欄新得句，書贈特山君。」「特山」適與「秋崖」相稱。岳祥曾向潘少白傳授「詩史」要訣，其《題潘少白詩》云少白之詩：「早從唐體入圓妥，更向派家事掀簸。」既而爲少白指出作詩要拋棄「體」、「派」，寫出具有「詩史」價值的詩作：「燕騎紛紛塵暗天，少陵詩史在眼前，我才衰退空茫然。君能於此更著力，唐體派家俱可捐。」在《閬風集》中，寫給潘少白（可大）的詩，凡十四首。在詩中甚至戲稱劉正仲、李實父、潘少白與岳祥這四位詩人爲「江湖四閑客」，

(見《閬風集》卷四《次和花字韵酬正仲、實父、少白三友》)可見這幾位詩人關係之融洽。潘詩六卷(見《題潘少白詩》)，潘詩疑即陳著《本堂集》所説的《續古集》，不存；又有歷史著作《汴略》三十卷和《南北紀年》，亦佚。

謹逐録相關資料於下：

《本堂集》卷四十七《題天台潘少白(大老)續古集》：余聞少白，不識少白面，而識其子衎於小萬竹，其文氣英英焉。因其子知其父，而未知其詩。一日，胡甥幼文來，篋有少白詩，出入晉宋盛唐晚唐間，森然温然也。及閲其序《續古集》，則欲以唐體爲宗。然則唐故多體，將宗誰耶？若曰晚唐，殆不足爲少白浼。余雖不能詩，不敢評，而於少白之詩，則曰「少白之詩也」。少白當亦撫掌。歲柔兆涒灘暢月，四明遺耄陳某書於本堂。

《剡源集》卷七《汴略序》：天台潘可大，生又後於余，質敏而志專，學劬而識精(一作諸)，窮坐山谷，授徒以奉親，足未嘗出户限之外，而網羅舊聞，自建隆庚申迄靖康丁未，詳其記事之體，附以辯論，若范淳夫之《唐鑑》、胡明仲之《管見》，名爲《汴略》者三十卷；又自建炎丁未迄德祐丙子，金天輔戊戌迄天興甲午，撮提綱要，名爲《南北紀年》者若干卷。嗟夫！如可大之講學，豈非靈龜神昬，潛藏巖澤而光彩氛祲，自見於外也哉。使之進爲以用世，何可揜抑，而可大不願爲東方生、陸賈、賈山之流者也。姑爲題辭篇端以發其概云。

袁洪(1245—1298)，字季源，號竹初，慶元鄞縣(浙江寧波)人，桷之父。一生事業俱詳於袁桷《清容居士集》卷三十三《先大夫行述》，《延祐四明志》中亦有傳記。年十七，以祖父越國公袁韶之蔭補官，銓監鎮江府大軍倉。曾佐馬光祖京尹幕，馬去國，改兩浙轉運司幹辦公事，遷太社令。由於賈似道不喜歡四明人，袁洪與同郡士六十餘人坐廢家居，不及世務。至宋末，先後任建康府通判，沿江制置司參議官。元兵至鄞，隨沿海制置使趙孟傳降元，并於至元十五年(1278)入京師覲元世祖。將授總管，以子幼辭，乃授朝列大夫同知邵武路總管府事，以疾不赴。至元二十一年(1284)，授温州路同知，疾作復辭。「大德二年(1298)改授處州路同知，命下，而公已捐館，實是歲二月十有八日，享年五十有四。」死後贈中奉大夫、浙東道宣慰使、都元帥護軍、會稽郡公。袁氏爲明州著姓，洪家尤爲宰輔之家，且廣蓄書卷，積四世而收藏之，最爲精善，宋元間甲於浙東。「喜賓客，終歲無虚日」，「碩儒故官，旁邑外郡，俱館致，教子弟。」岳祥於宋亡後避兵期間，曾與劉莊孫、戴表元、胡三省等避居袁家，洪子桷師從戴表元、舒岳祥蓋在此時。岳祥對袁洪降元的政治立場，采取了寬容、諒解的態度，其詩《寄袁季源》云：「當世佳公子，枝吾雅道多。江南有文獻，魯國自强歌。火後歸新第，兵餘喜止戈。公車行有召，毋久戀松蘿。」「火後」句是指袁洪家己丑(至元二十六年，1289)正月毁於火。袁桷《亡妻鄭氏事狀》曰：「己丑，域中災，遺物散毁。」戴表元有詩《己丑正月六日袁季源家遭毁，次韵書悶》(《剡源集》卷三十)，有「鄴侯家里書千架，杜老尊前屋萬間」句，千架書與萬間屋，一夕而盡，可見袁家損失之慘重。

袁桷(1266—1327)字伯長，號清容居士。桷爲元朝顯官，積階奉議大夫，官至翰林侍講學士知制誥同修國史，贈中奉大夫江浙行中書省參知政事，追封陳留郡公，謚文清。其一生事業俱詳於元蘇天爵所撰之《袁文清公墓誌銘》，《元史》有傳。袁桷師事王應麟，研求典故制度之學，又從舒岳祥習詞章，又師從戴表元(戴與桷父洪爲總角交)、胡三省，轉益多師，「故其學問核實而精深，非專事記覽譁衆取寵者所可擬也。」「公在詞林幾三十年，扈從於上京凡五，朝廷制册、勛臣碑版，多出公手。」「遂以文章名海内，士咸以爲師法，文體爲之一變。」陳衍《元詩紀事》卷十引《戴九靈集》云：「元之盛際，文清以學問詞章名震天下，而隻言片字，人視之如圭璋珠貝，願一睹之而不可得。」又引《研北雜志》云：「袁伯長學士博聞洽識，江左絶倫。」袁桷上承浙東之學，「以多識爲主，貫串經史，考覈百家，自天官律曆，井田王制，兵法民政，該通委曲，必欲措諸實用，不爲空言。」(以上引文凡未署出處者均見《袁文清公墓誌銘》)因而成爲元代一大家。舒岳祥與袁桷的交往，見於兩人詩文者不多。《閬風集》卷一有一首長達六十二句的五言古詩《次韵袁伯長寄贈之作》，這首長詩主要是叙述岳祥於至元二十六年爲避「婺寇」而逃難新昌、奉化等地的艱難歷程，似在向袁桷訴苦，而正面寫及袁桷者，僅結尾「越公之賢孫，訪我欲具航。老我日已短，公孫意何長」四句。岳祥寫給袁桷的詩文，僅此而已。而袁桷寫給岳祥的「寄贈之作」，則不見於《清容居士集》。袁桷之詩文言及岳祥者也很少，僅《送牟景陽教授天台》其三：「天台古儒林，秀士英且明。君行振遺緒，家學揚清聲。文詞尚理性，此弊無由更。衆咻方爾羣，獨拍何當鳴。爲問舒與胡，寒庭草青青。」「舒與胡」，自注：「閬風梅澗也。」梅澗即胡三省。這只是請牟景陽順便向「舒與胡」問候。其文僅《先君子……述師友淵源録》（《清容居士集》卷三十三）述岳祥：「舒岳祥，台州寧海人，七歲能作古文，弱冠謁吴子良吏部，大奇之。吴學於陳耆卿舍人，舍人學於葉適正則。以師道自任，好譏侮。晚歲詩益工。官慶元時，與之遊，後作書俾桷往事之。」末句涉及到袁桷師事舒岳祥事，則含糊其辭，遠不及蘇天爵《袁文清公墓誌銘》「從天台舒岳祥習詞章」説得那麽明晰、準確。且叙述中有微嫌於岳祥者。——從岳祥現存詩文中，只能看出其凛然氣節，而絶無「譏侮」他人之詞；戴表元《送陳養晦謁閬風舒先生四首》之二云：「只今人嫌此老譃，後來追憶直千金。」（《剡源集》卷三十）説岳祥之譃價值千金。更有甚者，袁桷在謝翺面前，只承認戴表元是其師，而岳祥只是「忘年友」。（謝翺《送袁太初歸剡源》云：「自言學出戴君門，又説舒君忘年友。」）桷與岳祥的關係顯得微妙，似乎在回避什麽。袁桷爲戴表元寫有《戴先生墓誌銘》、《戴先生刻遺文疏》、《祭戴先生》等，爲王應麟寫有《祭王尚書》，爲胡三省寫了《祭胡梅澗先生》，均刊於《清容居士集》，而獨未爲岳祥著筆，有一「寄贈之作」亦未收入集中，是故意刪之，還是無意遺漏，未可妄猜，若不是《閬風集》中存有和作，「寄贈」則幾無影響。這可能是由於兩人政治立場不同而造成的隔閡：一個是元朝的顯官貴人，一個是宋朝堅定的遺民，思想感情有較大差距是必然的。清全祖望《宋忠臣袁公祠堂碑銘》（《鮚埼亭集》卷二十三）云：「袁公（桊）之死，蓋見賣於趙孟傳、謝昌元，而清容作志（按指《延祐四明志》）不立公傳。……既而見其爲趙、謝二降臣有佳傳，乃知其黨於降元之徒也。蓋清容之父處州亦降元。故清容之紀先友也，凡降元者皆多稱之，而且作幽蘭操以吊崖山降將吳浚，（按《清容居士集》卷二有《哀蘭操》，首句「幽蘭兮秋風」，稱吳浚爲「奇男子」。）可謂失其本心之言也已。夫抗元者不立傳或有可原，降元者反傳之，豈非黨哉？……著書而以顛倒是非爲事，將謂隻手可以障天耶？吾讀清容之文，未嘗不愛其才，而心竊薄之。」（下文尚多舉例，不録。）看來，袁桷的這位同鄉全祖望，以史學家、思想家的眼光，以「黨降元者」揭示了袁桷的政治立場，對於理解其與岳祥間的微妙關係，亦是一把鑰匙。袁桷的著作，有《清容居士集》五十卷，今存。

陳用之，奉化棠奧人，與袁仲素同鄉，岳祥避己丑之亂借居棠奧時認識的年輕讀書人，能詩賦。《閬風集》卷四《戲贈陳用之，羨渠食笋也》：「汗青終日對，水墨一窻寒。吾子風流甚，此君冰雪完。」言其讀書刻苦，操行高潔也。陳用之曾欲北遊燕趙，蓋爲求仕也。岳祥有詩《送陳用之遠遊》（《閬風集》卷一）云：「君遊且有日，欲訪燕趙奇。此行猶在眼，已作久别思。君如生馬駒，騰踏不可羈。王良施轡勒，欲獻白玉墀。胸中二三策，和扁爲國醫。南士方用世，針砭貴適宜。腰間黄金印，季子何必歸。丈夫輕四海，吾老不可期。何以爲君贈，梅花千里枝。何以爲我報，千首紀行詩。」陳用之這次北遊，可能是不遇而返。岳祥有《和用之題剡雪》（《閬風集》卷八），其二云：「兩岸青山一水流，蓑衣不著雪爲裘。安道只應深樹裏，青山不見便回舟。」《閬風集》卷四《次韵酬用之見和》又云：「吾儕天所賜，出入戴青松。」亦寓隱於山林之意。陳用之疑即戴表元詩中所説的陳貴白。戴詩《題陳貴白畬齋》，説陳貴白「日日閉門耕紙田」，又詩《余既題畬齋，有聞紙田之説而笑者，復作長篇》（兩詩均見《剡源集》卷二十八）有「羨君終歲作書痴，聚室嗷嗷窮不悔」、「平生據案畎畝心，汗簡爲犁筆爲耒」句，與岳祥「汗簡終日對，水墨一窻寒」意同；且表元避亂曾移家棠奥，對棠奥之人是熟悉的。由此疑陳貴白即陳用之。如是，則《閬風集》中亦有寫及陳貴白的詩，而陳用之（貴白）既從學於戴表元，又從學於舒岳祥。《閬風集》卷一《次達善送趙君理韵因寄畬齋陳貴白》有云：「久聞畬齋君，插架富名都。欲往鵁鶄市，讀書借其居。我曾見其文，鼎彝出帥初。何年澄齋老，道我問其途。」同卷《村莊麥飯虀笋有懷達善正仲帥初因寄袁仲素季厚陳用之》有云：「二袁竹主人，森森散林麓。我來不問主，竟造藏書屋。主人不我苛，終歲取書讀。陳郎後來秀，長瘦帶巖壑，挾册從我遊，牛腰許成軸。」岳祥離棠谿之次年，有詩《生日仲素惠羊酒作此奉謝》，有句云：「忽聞棠谿有書至，袁詩陳賦兩輝煌。」即陳用之（貴白）以賦隨袁仲素爲岳祥祝賀生日也。

周梅所，宋遺民，道士。《閬風集》卷二《虞美人草》序中有「梅所周道士」云云。梅所道人居譚山煉丹，岳祥因稱之爲「周煉師」。《閬風集》卷一有詩《送周梅所還譚山》：「柴門萬物静，秋色栖四山。風篁自灑掃，雲鳥相往還。而有玄寂士，泠然鳴轡環。此客不喜飲，舉瓢酌潺湲。來既無所期，去亦不可攀。抱月入緑蘿，枕石秋菲間。」由此詩可見周道士之高潔雅澹。稱其爲「煉師」者，則見《閬風集》卷五《四月初四日正仲、子堂及可大、梅所周煉師會耕養堂》。《閬風集》卷二有詩《九日敏求與侄璋九萬載酒蓀墅，邀予與胡山甫、潘少白及華頂周服之道士周若晦作客，欲摘蕊浮杯，叢委草間未有消息，憫然賦之》，題中的「華頂周服之道士周若晦」即周梅所，卷五《秋夕寄周煉師》有「遠念周高志，華顛坐翠微」句可證。「周若晦」蓋即周煉師之字或名，梅所其號也。梅所的年齡約長於岳祥，《閬風集》卷七《九日觀萬堂小酌懷正仲及梅所煉師》有「騷雅劉郎今健否，清修周老近何如」句，稱正仲爲「劉郎」，梅所則稱「周老」，岳祥以自我年齡爲基準以區别對劉周二人的稱謂，極見分寸。梅所蓋亦宋遺民而隱於道者也。《閬風集》卷六《初七日周梅所携正仲再和借書韵見示，次韵報之》首二句云：「少日從軍輝緑縢，如今一室與雲朋。」正仲無「從軍」經歷，此處顯然是爲梅所著筆。

「一室與雲朋」是指梅所隱於譚山石室。（譚山，岳祥《閬風集》卷十二《跋劉正仲作潘君石林記》：「出鴈蒼口，又南五里，東入譚山，以昔有隱者譚姓居之，故以名焉。山上流泉至半山，膀大巖以出，其勢不得縱，絲絲如馬尾。值天宇新霽，如雪崩練曳，而聯鶴積鷺下於千仞也。水煙濺撲，飛雨襲人。……潭旁有巖穴如蝸牛廬，雖淺而明，可三四人環坐。去穴十餘步，有亭三間，宜小憩以觀瀑也。」《嘉定赤城志》說唐末有道士隱於此洞。）《閬風集》卷五《梅所將別夜坐叙懷》有句云：「石室誰看鼎，巖泉似散絲。」此足證梅所隱居於譚山石室，而其旁之瀑布，狀「似散絲」，即「絲絲如馬尾」也。在《閬風集》中，寫及周梅所的詩，凡十一首，而周梅所的詩，隻字無存。

胡山甫，名哲，台州人（《剡源集》卷二十九《次韻答胡山甫兼簡汪日賓》題下注：「山甫名哲，台人。」）宋遺民，詩人，畫家（善畫松石）。岳祥長山甫三歲，《閬風集》卷五《山甫病中歸峽，作此問之》：「自憐三歲長，多白幾分頭。」又有「詩人多病瘧」句，岳祥稱山甫爲「詩人」。「歸峽」的「峽」，即峽石，或作硤石，《閬風集》卷四有《山甫還峽石，有懷書寄》。據《嘉定赤城志》，硤石門山在縣西北五十里，兩峰夾起，矗立千仞。山甫即隱於此。胡山甫入元後，成爲避世之人，岳祥詩《和韻寄胡山甫》（詩見欒貴明《四庫輯本別集拾遺》）云：「鄉心趨老重，見說買山成。静坐性情淡，孤眠滋味清。樵人時識面，禪客共知名。山色元無垢，溪聲自不平。池荷應足製，山蕨想堪羹。九日如今近，思君出峽行。」「溪聲自不平」句中，似隱含其心中的不平，在《山甫畫松》（《閬風集》卷二）中，其心中的不平則一泄無餘：「山甫作古松，意造無定本。枝枝藏太陰，筆筆涵混沌。氣吞千尺崖，猶作飛瀑滚。肺肝生洞壑，槎枒出隱嶙。奮臂盤礴餘，墨漬筆不吮。若人葢天機，豈爲尋丈窘。胸中有磊砢，欲出不可忍。恐是城南樹，寫形難自隱。（「隱」，嘉業堂本作「影」，此從四庫本。）」卷七《次韵山甫松石》亦有「磊砢誰能把劍磨」句。卷二《九日敏求與侄璋九萬載酒蓀墅，邀予與胡山甫、潘少白及華頂周服之道士周若晦作客，欲摘蕊浮杯，叢委草間未有消息，憫然賦之》，是寫這幾位遺民心懷故國的凄涼，有云：「寒螿相吊野水流，病蝶來偎寒日夕。不見金錢將翠羽，惟有悲風吹蔓棘。……往時好事環轍迹，建業錢塘華盡識。……兩都風景今何如，泪墮叢邊和露滴。」又岳祥詩《喜山甫相過》（《閬風集》卷三）有「相携卧緑苔」句，把兩人遺民身份説得很清楚，兩人關係亦非常人可比。《僕有書五千卷藏明恩山房，亂後幸存，胡山甫寄一榻爲吟所，聞已遷入，作唐律寄題》（《閬風集》卷五），胡山甫以岳祥的藏書處明恩山房爲「吟所」，伴著岳祥的五千卷藏書，伴著僧房的「花氣」與「松涼」，讀書作詩，儼然成了「羲皇上人」。這樣的僻居獨處，往往是宋遺民追求的生存狀態，即如《閬風集》卷五《簡胡山甫》所云：「自尋幽寺宿，不耐俗人交。」山甫在山房寄居期間，曾遊鄞，然後復回山房，《閬風集》卷四有詩《山甫遊鄞訪僧復歸山房》，有「麥熟歸小隱，詩名留遠方」句，同卷又有《送胡山甫歸山房》，展現了山甫在山房的生活情況及岳祥與山甫的感情：「出峽復歸寺，身孤心更虚。半瓢巖下水，一豆雪中蔬。自制烏羅帽，閑將白髮梳。與君能幾別，此意重相於。」《閬風集》中現存岳祥寫及胡山甫的詩凡二十四首，而胡山甫留傳下來的詩，只有一句：「病起百花開」，見於岳祥《閬風集》卷五《簡胡山甫》題下注。

趙敏求，宋遺民，隱士，居於鄞之玉塘，家貧，喜抄書，能詩善吟，性愛花。岳祥有詩《寄趙敏求》：「趙子貧愈好，吟詩送此生。焚巢同旅鳥，泛宅老書檠。八座清門户，玉塘好弟兄。杉棚先辱和，欲報怨無瓊。」（見欒貴明《四庫輯本別集拾遺》）丙子之難時，玉塘被焚，趙家被毁，故有「焚巢」云云。岳祥借居棠奥時，敏求有詩與岳祥唱和，故云「杉棚先辱和」。《閬風集》卷七《贈敏求》云：「抄書滿架筆無塵，自是餐霞洞裏人。性癖貪吟如好色，話終更僕尚留賓。愛花更縮栽蔬地，開徑還通指竹鄰。不是不貧貧得雅，如今金塢總輸貧。」岳祥另有《九日敏求與侄璋九萬載酒蓀墅……》（《閬風集》卷二），是抒發遺民懷念故國悲情之作（參見胡山甫條），從中亦可見趙敏求的遺民情懷。岳祥寫給趙敏求的詩，雖僅上述三首，但皆感情真摯，言事抒懷，如對故友。而趙敏求的詩文，隻字無傳。

二林，岳祥寫給「二林」的詩，共五首，詩題中只説「二林」，不及其名字，因而不知其阿誰。據岳祥詩中所提供的信息，知「二林」應爲兩個人，如《閬風集》卷三《有懷寄二林》所云：「去矣兩黄鵠，歸與一老翁。」二林應居於鄞城,《寄二林》有「不如飛鴈入鄞城」句。《病起寄二林》(兩詩均見《四庫輯本別集拾遺》)有句「吟成與誰寄,二子在鄞城。」二林亦詩人,《閬風集》卷五《春晚寄二林》:「二林詩敵手,先著一篇催。」如此,「二林」確有可探究者,書此備考。

方岳,字元善,號菊田,寧海詩人,隱居不仕,《宋季忠義録》卷十三有傳。有詩名,《宋詩紀事》卷六十六選録其詩二首,并云著有《深雪偶談》。岳祥寫給方岳的詩雖祇存二題四首,文中僅稍有涉及,但對方岳極爲尊重,稱之爲「詩老」,有《哭菊田詩老》二首(《閬風集》卷四),題下注曰:「君詩序自謂由翁卷、徐照而漸趨唐人。翁、徐,永嘉人。」詩云:「尋源自永嘉,清響黜浮葩。一字不犯古,五言真到家。思幽多掩抑,情至重咨嗟。欲擬徵君誄,天寒日又斜。」其二云:「本是工(四庫本作「攻」,兹從嘉業堂本)文者,其如癖在詩。人皆尊島佛,我欲效宗師。廢圃營新屋,寒花帶短籬。風流無此老,遺稿訪佳兒。(四庫本校:一作「燈續家今世,友殘稿自遺。歲辰賢所忌,一夢驗於斯」。)」岳祥《跋僧日損詩》(《閬風集》卷十二)曰:「余友菊田方元善」,「菊田負一世詩名,横絶湖海,往時峻峙特甚,不輕以一字許人。」但他却爲僧日損詩作序,岳祥云:「日損,蓋能當其序者也。」日損又以其詩請岳祥作序,因已有菊田序文在前,岳祥便爲之跋後,也是對菊田詩老的尊重。菊田有詩集,荆溪吴子良爲之序。岳祥《劉士元詩序》(《閬風集》卷十):「往時荆溪公主斯文齊盟,作

《菊田方元善詩序》，誦者琅琅一舌。」惜其詩集不傳，《全宋詩》第六十三册僅録其詩三首而已； 其詩文評《深雪偶談》今存。

董景愈，字紹孟，新昌雪谿人。岳祥門人。岳祥因避丙子、己丑之亂，兩至雪谿，因而對其地「既去而不能忘情也」。「董生景愈，作新堂於舊墟，扁曰『養志』，來請記。」岳祥鑒於「斯地有德於余者也，生又學於余者也」，因而於至元二十八年（1291）四月十七日爲作《養志堂記》。（《閬風集》卷十一，本條引文皆出此《記》，不另注。）岳祥非常欣賞董生之志。「余問生之志云何？ 生曰：『僕不敢僭。昔者孔門三子，各言所志，咸當其才。惟點也獨言浴沂風雩之趣，翛然在事物之外，而夫子與之。僕不敢僭也，然有志焉。青山以爲屏案，流水以爲金石，奉親讀書於是，觴賓俎友亦於是，彈琴詠詩亦於是，庶幾點之萬一，有以承先生之教而不愧，倘可進乎？』」此志得「浴沂風雩之趣，翛然在事物之外」，深得岳祥嘉許，由此亦見岳祥之志，而董景愈實亦宋之遺民也。

蓋蒼真逸道士葉龍起，白蓮寺住持景荃。葉龍起本是信公葉夢鼎家族的子弟，曾爲岳祥於景定五年（1264）主考「胄子補闈」時所録取，後出家爲道士於蓋蒼觀。景荃亦生長於台，受業於禪林，於至元十七年（1280）爲台州東掖山白蓮寺住持，而白蓮寺經丙子兵火之劫，已成瓦礫。荃師努力恢復舊觀,「一念奮發,天人悲涕,陰相陽贊,不十年,一寺表裏規制如舊,而高廣有加。」(《閬風集》卷十四《重建台州東掖山白蓮寺記》,本條引文皆出此《記》。)而景荃,「道行平實,講演著明,精義入神,四衆推服。」其寺復建完成,謀記於道士葉龍起。葉曰:「我蓋蒼之觀,新得《記》於閬風先生,吾觀可以不毀矣。上刹東南之望也,記毋輕屬。吾試爲公請之於先生,先生樂道人之善,宜必得。」於是,葉道士「持白蓮住持景荃書,致殷勤於余。其徒衆又狀其寺之本末,請記其偉觀。」當是時,「方盛暑,余亦火後寓鳳棲芰舍」,而「道士之請,如爲己請也」,岳祥有感於心,慨然爲作《重建台州東掖山白蓮寺記》,歷叙此寺自慶歷初以降的發展歷程及自己「願見而不得至之曲折」,《記》之末有一段發人深思的議論:「嗟夫!釋、老二氏之并行於世也久矣,今荃師不疑葉君之異己,而托之以請《記》,葉君亦不以荃師爲不同道而爲之請,余又不以二氏之非吾道而慨然爲之記,皆世俗所不能解也,知此則可與言道矣。」釋、老、儒各有其道,其道又各有内藴,葉、荃之道不互以爲異己而相排,岳祥之道又與所謂狹隘陋儒之道有所不同,而爲可融合三家之道而上之,一統三家之道的超然派家之上的大道,似此大道,爲「世俗所不能解」,而爲學者所宜深究者也。

王肖翁及其子留耕。王肖翁名應辰,宋元間隱士,自號肖華胥,岳祥稱之爲「隱君子」。其子留耕名子震,字伯起,世居奉化城南連山大萬竹。肖翁信奉賀水部(賀公)「但存方寸地,留與子孫耕」

之名言，「行坐咀嚼，日津津也」。於所居之地「開軒鑿池，環之以水，扁曰『肖華胥』，因以自號。暇日遊息其中，領客觴詠，翛然自得。袍褐往來，魚鳥同趣，子弟娛侍，未嘗不以前言往行爲訓。」（《全元文》第三册舒岳祥《留耕堂記》，本條引文出於此《記》。）肖翁「既老，傳政於肯堂留耕，能養志服勞，夷險一致，不以累翁。翁以壽考令終。」至元十六年（1279）留耕「別作新堂於山之陽，高廣有加焉。轉步改觀，溪山環合，花木隱映，書庋琴牀，雅玩整列。俎豆賓友，簪履徜徉，牲牢獻享，進退有度，峩冠頎然，不改常矩。慢胥悍吏，帖爾聽命。里閭恬熙，賴以清安。人問何道而然，曰：『吾仗此方寸而已。』扁斯堂曰『留耕』。乃翁存之，其子留之，存之者不已，留之者其無窮也。」岳祥於大德元年（1297）三月，爲撰《留耕堂記》，盛贊肖翁與留耕之所爲。（此《記》《全宋文》未收）

僧日損，詩僧，岳祥於至元十三年（1276）閏三月爲其詩集作《跋僧日損詩》（《閬風集》卷十二）。岳祥曾讀《漁父詞》二絶，甚愛其「手中一片攔江網，衹待風平浪静時」、「蓑衣亦有安危慮，水面無波是太平」兩聯，但不知何人所作。該《跋》云：「今春避地鴈蒼，有日損師者，歸自白巖，袖編詩相訪，二絶在也。」於是岳祥發出感慨：「嗟呼！人患無可知者耳，會須有見時也。……予是以於損也，不能已於言焉。」因日損之詩已有岳祥的好友菊田方元善之序在前，而元善是「不輕以一字許人」者，而於日損之詩，岳祥認爲是「蓋能當其序者也」，因而爲之跋後，并盼日後能見到日損詩之續編，「則幸矣」。

張炎，宋元間大詞人，宋遺民。大德元年（1297）三月，張炎客寧海，將登台峰，八十歲的老詩人舒岳祥爲之舉觴送行，爲撰《山中白雲序》。岳祥對張炎的處境極爲同情，并將張炎比作楚狂、阮籍、賈生與蘇門嘯者。張炎當時的思想面貌，於此亦可見一斑。從《山中白雲序》看，岳祥對張炎的經歷、思想，并非一般了解，而是相當深刻的了解。其《序》曰：「宋南渡勛王之裔子玉田張君，自社稷變置，淩煙廢墮，落魄縱飲，北遊燕薊，上公車、登承明有日矣。一日思江南菰米蓴絲，慨然襆被而歸。不入古杭，扁舟浙水東西，爲漫浪遊。散囊中千金裝，吴江楚岸，楓丹葦白，一奚童負錦囊自隨。詩有姜堯章深婉之風，詞有周清真雅麗之思，畫有趙子固瀟灑之意，未脱承平公子故態。笑語歌哭，騷姿雅骨，不以夷險變遷也。其楚狂歟？其阮籍歟？其賈生歟？其蘇門嘯者歟？歲丁酉三月，客我寧海，將登台峰。於其行也，舉觴贈言。是月既望，閬風舒岳祥八十歲書。」序末署時爲「歲丁酉三月……是月既望」，《全宋文》注爲「元貞三年三月」，《全元文》注「大德元年三月十六日」。按是年二月，即已改元貞三年爲大德元年，而是《序》作於是年三月既望，《全宋文》仍注元貞三年，未妥，《全元文》注是。關於張炎，可參見拙作《張炎》（見《中國歷代著名文學家評傳》第三卷，山東教育出版社1984年5月第1版），此不贅述。

陳莅，號梅山，畫家，詩人。舒岳祥爲撰《跋陳莅自畫梅作詩》，至元十五年（1278）五月也。時岳祥正避地薌巖，見陳莨所自畫梅，不禁勾起强烈的今昔之感，故跋雖短而感情真摯感人。跋曰：「見梅山此軸，忽憶承平盛時，行孤山之麓，沿馬塍之隅，朝觸雪而往，暮踏月而還，所見梅，往往聯跗疊袂，拗枝搯幹，嫣然入宫苑，標律非三家市上籬落間物也。又移百梅於平皋之上，橋斷岸絶，蹇驢策策，風戟戟吹面，翛然獨往，香低影壓，自有一種瘦硬風格。邇來避地薌巖，石磴數梅，出於瀟風晦雨摧剥之餘，泯默相唁，意趣慘淡，非前時比矣。今與君共坐於緑陰之下，披畫閲詩，其清妍如舊都所見，其老勁如平皋所植，其淒絶如薌巖所對也，平生神交盡在是矣。畫然，詩亦然，君蓋進於技，悵然有感於予心者，因書其卷後。戊寅五月十九日。」從此跋看，岳祥與陳莨之關係、感情，非一日矣。

岳祥之部分交遊，謹述如上。因資料太少而未述者，尚有趙時橐（寧海人，守雪，曾檄岳祥爲其州掌書記）、鮑度（岳祥故人，除沿海制閫，辟岳祥入幕）、應明叔（寧海梅林人，能爲岳祥禦侮者）、馮法師（岳祥有詩贈之）、楊佳孫（岳祥有詩相贈）、李實甫（岳祥曾和其詩，及卒，又作《哭李實甫》）、亦翁（隱士，長於五言詩，岳祥曾和其詩）、余文叔（方外避地者，岳祥有詩稱其輕財好義、襟懷磊落）、石泉策禪師、星翁、漁者、老農、馬奥諸丈、張幼常、胡後山提幹、潘宰、袁復明、劉君英、易庵道人、石煉禪師、楊建（宋末攝黄巖令，死於兵）、俞澤民、楊中齋、儲梅癯、李德夫、慈林交講師、王真人、郭似山道士、劉仙尉、胡子持、孫平叔、方沂等，岳祥皆與之有詩相唱和，有的是再三唱和，如孫平叔（宋末進士，岳祥主持赤城書堂時，爲學録）等。

從以上名單中，可以看出岳祥的交遊十分廣泛，可謂三教九流，從最基層的漁父野老，到位居卿相的達官貴人，方外之友也大有人在。在宋亡之後，所交遊諸人，除個别降元外（如謝堂、謝昌元、袁洪等，但岳祥仍視之爲友），其他人員的共同特點，一是多爲寧海或奉化人，二是多爲宋遺民，三是多爲詩人，連岳祥在馬奥避兵時所結識的諸老丈，都可以與岳祥相唱和，岳祥有詩《自次前韵酬馬奥諸丈見和》（《閬風集》卷三）。可惜的是，他們之中，除戴表元、袁桷等少數大家之外，其詩文盡皆佚失。這些人留下的傳記資料少之又少，甚至連軼聞遺事也没有，衹是在舒岳祥的《閬風集》和其他少量别集（如《剡源集》、《清容居士集》等）中才能看到他們的影子。視此可知，在我國歷代文化遺産的延伸過程中，一路丢失的要比保存下來的多得多，其數量是無法估算的。

二、專人介紹

劉莊孫

在舒岳祥的諸多交遊中，門人劉莊孫無疑是與之關係最爲密切的人，最了解舒岳祥的人。岳祥卒後，岳祥之子請劉莊孫爲之寫「行狀」時説：「知先人行事之詳者，宜莫如子，誼不得而辭也。」莊孫乃爲撰堪稱鴻篇巨製的《舒閬風先生行狀》〔一〕。

劉莊孫(1234—1302)字正仲，號樗園，台州寧海梅林人，終生堅持宋遺民立場的詩人、學者。「爲寧海儒族，八世祖世充，爲吴越王錢氏板授官；閬風里有二劉，曰和叔、允叔，於君爲曾叔祖，有文名，不大光顯，至君父子亦若是。」「幼侍其父府君升，自爲師弟子。」(袁桷《清容居士集》卷二十八《劉隱君墓誌銘》，下簡稱《墓誌銘》)及長，師從吴子良，《宋元學案》卷五十五《水心學案》下「吴氏門人」中有「隱君劉樗園先生莊孫」。又從學於舒岳祥，《清容居士集》卷三十二《先君師友淵源録》云：「劉莊孫，學於舒，能文詞，深沉善精思。家貧無書，傳五經，能默與先儒合。病廢卒。」其《墓誌銘》又云：「從閬風舒先生岳祥遊，唱和不輟，空林絶嶂，目接耳受，一寓於諷詠。」「在太學五年，不善爲同輩文字，不獲釋褐。」太學釋褐，指宋太學上舍生考試優中等者，予以授官出仕。所謂「同輩文字」，是指當時場屋科舉應試所用的程式化文字。戴表元《剡源集》卷八《方使君詩序》説當時太學：「諸賢高談性命，其次不過馳騖於竿櫝俳諧場屋破碎之文，以隨時悦俗，無有肯以詩爲是者。」明初宋濂《剡源集序》亦曰：「辭章至於宋季，其弊甚久！公卿大夫視應用爲急，俳諧以爲體，偶儷以爲奇，靦然自負其名高。稍上之，則穿鑿經義，檃括聲律，孳孳爲譁世取寵之具。又稍上之，剽掠前修語録，佐以方言，累十百而弗休，且曰：我將以明道，奚文之爲？又稍上之，騁宏博則精粗雜揉，而略繩墨，慕古奥則删去語助之辭，而不可以句，顧欲矯弊，而其弊尤滋。」而劉莊孫是「少學古文，湛深隱伏，不見其涯涘，落筆數百語。」（《墓誌銘》）而且又是善於寫詩的人，顯然不能隨波逐流。《剡源集》卷十九《題太學登科題名後》説當時：「三舍法嚴，又不易出仕，雖當仕之人俊才高等，亦須盤薄掩抑，待年久之而後解褐。」如此，劉莊孫在太學五年不得釋褐，是那個病態的時代所造成的。

《墓誌銘》稱劉莊孫「詩工次和，愈作愈平順，幽愁感嘆，思其平昔，狀其羈窘，鑒燭清澈，物莫有逃遁者」。「詩工次和」確實是劉莊孫詩歌的一大特點。莊孫有《和陶詩》一卷，岳祥於至元十五年(1278)爲作《劉正仲和陶集序》説：「梅林劉正仲，自丙子亂離崎嶇，遇事觸物，有所感憤，有所悲憂，有所好樂，一以和陶自遣，至立程以課之。不二年，和篇已竟，至有一再和者。……其體主陶，其意主蘇（軾），特借題以起興，不窘韵而學步。於流離奔避之日，而有田園自得之趣；當偃仰嘯歌之際，而寓傷今悼古之懷，迫而裕，樂而憂也。」此亦袁桷所謂「幽愁感嘆，思其平昔，狀其羈窘，鑒燭清澈」者也。惜莊孫詩作佚而不存，無以窺豹。其「詩工次和」在舒岳祥《閬風集》中亦可得到明證。岳祥曾說：「正仲於拙吟無不亟和者。」（《閬風集》卷二《近作對江牡丹吟七章呈正仲……》）《閬風集》中的《次韻酬正仲見和并貽用之》、《周梅所攜正仲再和借書韻見示次韻報之》等，都可看到正仲和舒詩的影子。最值得稱道的是岳祥與正仲唱和詩集《篆畦集》。此集於至元二十二年（1285）三月結集，正仲整理、繕寫，岳祥序〔二〕。《序》稱：「同志劉正仲居梅林而遁於鴈蒼，每一過余畦，一相唁也，前後唱和多矣。就中過余最久者，惟癸未（至元二十年，1283）留半載，有子戚而歸。甲申（至元二十一年）春冬，凡四至。今歲（至元二十二年，作此《序》之年）又爲余來，窮老不相忘，來當未已也。爲余寫前後詩成卷軸，請予序。」正仲精小楷，如該《序》所稱：「正仲之小楷，精妍可愛。」《閬風集》卷五有詩以序代題云：《曝書庭中，即事有作，因思正仲在鴈蒼山南爲我作小楷，雜以和篇，當大有可觀，因以寄之》。鴈蒼山在寧海縣北三十里，正仲於丙子國難時，爲避戰亂之苦而深隱於鴈蒼山谷中，故岳祥詩中提及正仲者，往往有「鴈蒼」字樣。《貽正仲》有「人在鴈蒼中」句，《正仲入鄞叙懷送別二首》其二有「鴈蒼山好須回首」句，等等。正仲之友戴表元《剡源集》中有長詩《春愁曲次劉正仲韻》自注：「劉號樗園。」首二句云：「山翁隱居鴈蒼谷，春樹年年爲翁綠。」

岳祥與正仲的友誼是深厚的。岳祥稱正仲爲「同志」，正仲則對岳祥自稱「門人」（見《舒閬風先生行狀》）。宋亡後，兩人誓守宋遺民立場，不仕元朝。岳祥詩《周梅所攜正仲再和借書韻見示次韻報之》句云：「相期何止詩篇事，大節無虧誓飲冰！」《正仲有詩因次和再别》：「丈夫出處有常度，不爲黄金顔色低。」《正仲次韻謝證明亦翁之作此意佳甚，不次韻爲報》又與正仲相約：「他年同入隱逸傳，何須羊馬卧青苔。」《次正仲别後見寄韵》更勉勵正仲要一生注重聲名：「凍餓一生祇百歲，聲名須在後來傳。」在「大節」認同一致的前提下，舒劉二人的關係更加密切。岳祥詩《山窻即事思正仲有寄》：「相憐不相見，不見自情親。」岳祥有一首寫自己「爲羣小見厄」的詩，後四句是：「借譽門多客，臨危俗少親。平生劉正仲，於此見情真！」前二句是感慨當時的「人性」：沾光（借譽）時客多，臨危時親少；後二句則是説危難之中見真情，是對劉正仲發自内心的感激。

在《閬風集》中，不僅可以看到劉莊孫和岳祥的詩，也可以看到岳祥和正仲的詩。岳祥稱正仲：「材高氣浩博」（《近作對江牡丹吟七章呈正仲……》），對其詩每有唱和〔三〕，從岳祥的唱和中，也可以窺見正仲詩的一斑。如《次韵和正仲碧蓮花》、《正仲思歸作「篆畦今夜月」十詩……》、《借正仲韵賦牡丹》、《用正仲茅字韵》、《和正仲送達善歸錢塘韵》、《次韵正仲秋晚感興》、《次韵和正仲南風》、《同正仲賦赬桐彩蝶》、《次正仲賦桃花》、《賦橘花次正仲韵》、《次和正仲詠荷花月露二景》、《同正仲賦鳳仙花》、《又戲和正仲賦剪春羅》、《和正仲月季花》、《次韵和正仲種菜、種麥二首》、《和正仲詠荷》等等。因岳祥生性愛花，所以和正仲詠花詩較多；從這裏也可以窺見正仲也是愛花者，惜其詩不存，對此無以置喙矣。不過，在舒岳祥看來，在那天翻地覆的艱難歲月，能和正仲以詩相酬唱，亦是不幸之幸。其《閬風集》卷一《停雲詩》序説：「劉正仲和淵明《停雲》以貺予……復和之，以答正仲。四海衣冠遭時艱虞，至於暴骨原草者多矣。予與正仲偷生巖谷，稍尋筆墨倡酬以見志，斯又不幸之幸歟！」

劉莊孫的著作很多，袁桷《墓誌銘》云：「所爲書，曰《易志》一十卷，《詩傳音指補》二十卷，《書傳上下篇》二十卷，《周官集傳》二十卷，《春秋本義》二十卷……復爲《論語章指》、《老子發微》、《楚辭補注音釋》、《深衣考》，而其所爲詩文曰《芳潤稿》凡五十卷，《和陶詩》一卷。」袁桷説「其論《春秋》爲魯史之舊，是則發揚先儒之遺旨」。清倪燦撰、盧文弨校正之《宋史藝文志補》有劉莊孫《樗園文集》，蓋爲明初方孝孺所編的《劉樗園先生文集》。按：方孝孺（1357—1402）字希直，一字希古，號遜志，人稱正學先生，寧海人，與岳祥、正仲爲同鄉。從宋濂學。其事蹟除見於《明史》外，又可見明張芹編《備遺録》（《學海類編》本題作《建文忠節録》）。方孝孺有《遜志齋集》二十四卷，其卷十二有《劉樗園先生文集序》：「樗園劉先生少遊錢塘，學於宋太學，與名士大夫交。……先生之學淵博崇高，得聖賢之大要。其爲文章，樸茂質實，不爲異常絶俗之談，而紆餘衍肆，必達其意而後止，索之而愈深，味之而愈長。……先生所尊善者，惟同邑閬風舒公景嶭、南山陳先生壽；所友而敬者，則剡源戴公帥初，鄞袁公伯長。袁公後仕元爲顯官，名稱海内，戴公文亦傳於時。閬風、南山與先生皆自謂宋遺人，不屑仕，故文行雖高，而不大彰著於世，傳而知之者惟邑人而已。今相去五六十年，故老淪喪，知先生之名者日已寡矣，使又歷數世，豈復有知斯文之可貴者乎？夫學術如先生而不傳，後死者之責也，故擇其尤善者次爲若干卷，且推其所自而備著之，使知先生自得之深，非近代能言者所及也。先生諱莊孫，字正仲，樗園其號也。所著有《周禮輯傳》、《易説》，今不傳。」因知《劉樗園先生文集》是方孝孺爲劉莊孫著作所做的一個選編本，可惜的是，這個選編本亦不復存在，今但存其書名而已矣！

又據《墓誌銘》，正仲晚歲入塾從教，所著書，王應麟曾爲總而叙之。大德六年十二月某日卒，年六十有九，葬於士奥之龜峰。妻王氏，後七年卒。子三，長主一，早夭，次存翁、學翁，女一，適董可傳。正仲卒後之二十有四年，袁桷爲撰《劉隱君墓誌銘》，時爲桷卒前一年也。

注釋

〔一〕《舒閬風先生行狀》載《光緒寧海縣志》卷二十《藝文内編》，《全宋文》、《全元文》皆未收。

〔二〕《篆畦詩序》載《閬風集》卷十，末署「歲在乙酉三月望日閬風舒岳祥叙」，即至元二十二年三月十五日。

〔三〕在《閬風集》中，岳祥寫給劉莊孫的詩約八十餘首，約占岳祥詩的十分之一，其中以和莊孫詩爲主，由此亦可見莊孫詩作之多。

戴表元

戴表元(1244—1310)字帥初,一字曾伯,慶元奉化人。「五歲知讀書,六歲知爲詩,七歲知習古文,十五始學詞賦,十七試郡校,連優。……二十六歲己巳(咸淳五年,1269),用類申入太學……辛未(咸淳七年,1271)春,試南省,中第十名,五月對策,中乙科,賜進士及第,授迪功郎,昇學教授。癸酉(咸淳九年,1273)冬,起昇。及乙亥(德祐元年,1275)春,以故歸舊廬,改杭學教授,辭不就,既而以恩轉文林郎都督掾、行户部掌故、國子主簿。會兵變,走避鄰郡。及丁丑(宋景炎二年,元至元十四年,1277),兵定,歸鄞,至是三十四歲矣。家素貧,毁劫之餘,衣食益絶,乃始專意讀書,授徒賣文,以活老稚。鄞居度亦不可久,遂買榆林之地而廬焉。如是垂三十年,執政者知而憐之,薦授一儒學官,因起教授信州。噫,老矣!大德丙午,歸自信州。時體氣益衰,而婚嫁漸已畢,即以家事屬諸子,使自力業,以治養具。然性好山水,每策杖東遊西眺,不十里,近才數百步,不求甚勞,意倦輒止,忘懷委分,自號曰剡源先生,因以名其集,或稱質野翁、充安老人云。」(《剡源集·戴剡源先生自序》)

戴表元一生經歷,大致如上所自述。這裏需要略作考索的,一是表元赴任建康府學教授的時間問題。「昇學教授」即建康府學教授。北宋滅南唐後,改南唐的江寧府爲昇州,後復爲江寧府,南宋改名建康府。《元史》、《新元史》、《雍正寧波府志》等載戴表元作「教授建寧府」,誤。表元赴建康就任府學教授的時間,《自序》作「癸酉冬」,即咸淳九年(1273)冬。《剡源集》卷十七《徐耕道遷葬碣》有

「歲甲戌、乙亥，余客金陵」之説，把在金陵（建康）的時間確指爲咸淳十年（甲戌）至德祐元年（乙亥），這從另一角度説明表元是在癸酉冬起身赴昇的。有的著作將其赴建康就任教授的時間繫於咸淳八年壬申（1272），似未妥。二是「乙亥春以故歸舊廬」問題。乙亥是宋恭宗趙㬎德祐元年（1275）。這年三月，元軍統帥伯顔入建康，南宋官員不得不撤出建康，逃往臨安。表元有詩《乙亥毗陵道中》，題下注：「清明。」毗陵（今江蘇常州）是由建康至臨安的必經之地。由此可知表元於是年二三月間撤出金陵，應該説在建康是堅持到底的。這就是表元所説的「以故」的「故」。有的著作把表元「歸舊廬」解釋爲「歸剡源」，誤。《剡源集》卷五《小方門戴氏居葬記》有言曰：「表元自金陵歸，即先復小方門特奉公故廬而居之。」「小方門」乃戴氏祖居之地，「在奉化治南三里許寶化山之陰」（同上文），這就是表元的「舊廬」或「故廬」。其實，表元從金陵回到臨安之後，并没有馬上「歸舊廬」，他在臨安行在又受到一系列的任命和官階升遷，接踵而至的便是「丙子國難」，表元扶老攜幼輾轉避兵逃難，如《剡源集》卷十四《朱尉開伯求葬親費序》所云：「丙子之禍，表元扶三老人走三州五縣，犯死道數十。」這就是《自序》所説的「會兵變，走避鄞郡」。而其「舊廬」則於丙子兵火中化爲灰燼[一]。表元所謂「即先復小方門特奉公故廬而居之」，「復」即修復，恢復原貌，先行修復，然後居之，事應在丙子之後。至元十四年丁丑（1277）初，表元一家始歸修復之後的「故廬」，有詩《丁丑歲初歸鄞城》，首二句即云：「城郭三年別，風霜兩鬢新。」《自序》亦云：「及丁丑歲，兵定，歸鄞，至是三十四歲矣！」「三年」者，甲戌、乙亥、丙子也。如是，「舊廬」顯然與「剡源」無關。三是遷居剡源榆林的時間問題。《自序》只説「鄞居度亦不可久，遂買榆林之地而廬焉」。《剡源集》卷十六《伯妣袁夫人遷葬誌銘》亦云：「自建康歸，累徙，遂定居剡源榆林。」但其文《小方門戴氏居葬記》則明言「兵後毁無所歸，己卯，竟歸剡源張村東二里榆林」，又有詩《己卯歲初葺剡居》，皆可證其始居榆林歲在己卯，而在己卯前未嘗居剡源[二]。己卯，至元十六年(1279)。是年，南宋崖山行朝覆滅，宋亡。其詩末二句云：「翻笑古來逃世者，標名先製隱衣巾。」表元有要隱居於此之意。剡源，清全祖望《結埼亭集》卷五《剡源九曲辭》：「奉化縣西六十里，有山夾谿而出，滃然深茂，曰剡源，蓋剡水之源也。」全祖望稱其爲「仙原福地」[三]。剡源有九曲，「第四曲曰臼谿，即榆林，有净慈寺，戴帥初所居也。」表元之居剡源，不僅圖其地「滃然深茂」，環境幽美，還與其祖、父輩皆葬於此有關，這在《剡源集》卷五《戴氏剡源張村葬記》中有詳細記載，其《祭告榆林廟文》亦云：「剡者，固吾疇昔所卜以藏吾親，慕念所加，非他處所比也。」(同書卷二十三)四是表元赴任信州教授的時間問題。袁桷《戴先生墓誌銘》作大德甲辰，即大德八年(1304)，此説影響所及，《元史》、《新元史》本傳，《宋元學案》以及有關的地方志，乃至今所編的《中國歷史大辭典》，均把表元薦授信州教授的時間作大德八年甲辰，咸無異辭。其實，袁桷此屬誤記。戴表元自謂時在大德六年壬寅(1302)。《剡源集》卷十五《安陽胡氏考妣墓誌銘》、《遊鄉貢墓誌銘》均自述爲大德六年；又其《自序》：「大德丙午(十年)，歸自信州。」《伯妣袁夫人遷葬誌銘》：「仕信州，又五年，自信州歸。」由大德十年丙午(1306)上溯五年，正是大德六年。因此，表元之薦授信州教授，時在大德六年，而非大德八年。孫苐侯《戴剡源年譜》已指出：「當以自述者爲近真」，今於此再補充例證，以進一步證實大德六年説爲是。

戴表元年弱冠，嘗問詩舒岳祥於錢塘，其事見《剡源集》卷九《國南仲詩後序》中，當時表元年僅十八九歲〔四〕，正在學詩。這應是表元與岳祥的初識。初識即以詩結緣。與岳祥交往最頻繁的時期，是在「丙子國難」避兵之時。表元師從岳祥，從岳祥學詩，亦當在此時。表桷《戴先生墓誌銘》云：「後二年失仕歸剡……方是時，禮部尚書王公應麟，天台舒公岳祥，師表一代，先生獨執子弟禮，寸聞隻語，悉囿以爲文。」《宋元學案》卷二十二亦云：「初，先生(按指表元)閔宋季文章萎薾，慨然以振起斯文爲己任。時同郡王厚齋、天台舒閬風，并以文章師表一代，先生皆受業焉。」表元詩《寄天台舒閬風先生》(《剡源集》卷二十九)自注：「初，丙子同避兵台之硤石。」同書卷十八有文《題蕭子西詩卷後》云：「(表元)平生與丞公倡酬之日，惟避地天台時爲多。又方其時，同遊佳朋友皆無恙，舒舜侯在馬奥，劉正仲在鴈蒼，胡元魯在峽石，每兵休事定，輒一會合，必有詩。郵急於百返，危韵或乃共和，争奇斗博，下至傳稿生徒，執硯童孺，欬唾相熏，亦有法則。」這是丙子兵災帶給詩人的不幸之幸，兵災把這羣詩人撮合在一起，他們在避兵的苦難中得到了互相酬唱、磨礪的機會，思想的火花凝聚成燦爛的詩篇。表元受到舒岳祥關於「詩史」思想的熏陶，詩格大進，寫出了許多強烈反映社會現實，堪稱「詩史」的詩歌，如《行婦怨次李編校韵》，題下自注：「丙子台州作。」詩云：

赤城巖邑今窮邊，路旁死者相枕眠。惟餘婦女收不殺，馬上娉婷多少年。蓬頭垢面誰氏子？放聲獨哭哀聞天。傳聞門閥甚輝赫，誰家避匿山南巔。蒼黄失身遭惡辱，鳥畜羊縻驅入燕。平居鄰墻不識面，豈料萬里從征鞭。酸風吹蒿白日短，天地闊遠誰當憐！君不見居延塞下《明妃曲》，惆悵令人三過讀。又不見蔡琰《十八胡笳詞》，慚貌千年有餘戮。偷生何必婦人身，男兒無成同碌碌。（《剡源集》卷二十八）

再如《東門行二首》、《丙子除夜》、《鄞城火後見光遠》、《火後》、《此地》、《兵後復還白巖山所舍作》、《食淡》、《饑旱》、《剡氏饑》等等，皆是具有詩史意義的詩歌，客觀而忠實地記録了一個特定歷史時代的苦難，成爲這個特定時代的歷史記憶，具有不朽的歷史價值，從而造就了元代文學的一大家，如《元史》本傳所云：「至元大德間，東南以文章大家名重一時者，唯表元而已。」迨至兵定歸鄞後，表元與岳祥不多相見，互相思念，表元有詩《寄天台舒閬風先生》，寫得很風趣：

嶺雲盡處是台州，有個詩翁住下頭。不寄一書春又晚，相思百里水空流。新踪凍合鶯雛谷，舊夢花迷燕子樓。聞説道旁烽燧急，定應重作峽中遊。

因岳祥與表元丙子時曾避兵天台硤石，故詩末二句乃重申此意。岳祥亦有詩《歲晚寄帥初》：

車魚鄮城館，書畫剡溪船。飯顆詩應瘦，燈花人未眠。空林帶冰月，老屋架霜煙。寂寞鳳栖叟，思君又一年。（《閬風集》卷三）

如《自序》所説，表元歸鄞後，「毁劫之餘，衣食益絶，乃始專意讀書，授徒賣文，以活老稚」，岳祥詩首句用孟嘗君禮遇門客馮諼食有魚出有車的典故，可以證實表元在鄞城確實依人開館（私塾）授徒，而岳祥此詩適作於此時。「鄮城」即鄞城，鄞在漢爲鄮，五代改鄮爲鄞，見王應麟《重修鄞縣儒學記》，《剡源集》卷八《趙君理遺文序》亦曰：「今之鄞，古乃爲鄮。」而奉化即古鄞縣地。比至表元遷居剡源榆林，表元與岳祥來往轉多。岳祥對表元遷居榆林，不勝快慰，以詩志喜，并勸表元就此隱居，詩云：

吴客多流越，君尋古剡歸。民貧官箠急，歲歉米船稀。嶺鹿三丫入，溪鱸一尺肥。榆林知可隱，安得翅能飛！（《喜帥初歸剡》）

表元曾約岳祥遊榆林；　岳祥在閬風、棠谿時，表元曾往探視，且皆有詩倡酬，兹不贅録，以避煩瑣。岳祥晚年，曾希望表元爲其校正文集，以藏之名山，有詩《帥初屢書有相訪之約，且求予文集，知予有藏山之志也。近因彌大過我，知其有來日矣，作此寄之》（樂貴明輯《四庫輯本别集拾遺》）：

> 流水不還剡，落花終到鄞。偶逢歸峽客，乃是寄書人。古刹藏山志，他生結願因。煩君同校正，字字莫留塵。

比至表元設館杭州，路途較遠，與岳祥來往漸少。大德三年（1298），岳祥卒，表元時在杭授徒餬口〔五〕，直至次年始知岳祥棄世，在《國南仲詩後序》中表達了當時的心境：「獨東野老壽，巍然高卧閬風香巖上三十年，浙河以東學詩者朝暮至，余以貧賤逐食，時時得一相過從，聞去歲又棄我去矣。嗟乎！余之悾悾乎其處於世，豈若不遇，而今若是乎！於是零丁忡愯，神消氣慑，若孤行無鄰，若中渡奪楫。」算是爲與岳祥之交往劃了一個句號。至於表元改變宋遺民立場，做了元朝的教授（儒學官），那是岳祥卒後之事，而不及聞問矣。

戴表元的著作，今存《剡源集》三十卷，是詩文合刊本，其中第二十七至三十卷爲詩，共四百六十三首。但《剡源集》并不是戴表元詩文的全集，此外還有佚文佚詩。北大本《全宋詩》以《四部叢刊》影印明萬歷九年刊《剡源戴先生文集》爲底本，校以明刻六卷本《剡源先生文集》、影印文淵閣《四庫全書》本，照録其詩四百六十三首，另輯集外詩十四首，（其中《寄陸子方》僅半首，該詩的前四句。）而《剡源佚詩》六卷中有二百九十八首未收。戴詩實際現存七百五十五首，文未計。

注釋

〔一〕丙子(1276)三月乙亥(十日)元兵至鄞。王應麟《奉化重修縣治記》：「縣治毁於丙子。」戴表元有詩《東門行二首》，題下自注：「時鄞城火，第宅遭毁，故有此作。」其一前四句云：「春風顛狂卷地吹，吹動江城寒劫灰。江城千家丹碧窟，過眼不復餘樓臺。」又詩《鄞城火後見光遠》：「火後丘墟市，兵前風雨春。那知攜手地，俱是皺眉人。……明朝各分路，何處避風塵。」詩雖未注明「第宅遭毁」的時間，但從該詩的「春風顛狂」、「兵前」、「避風塵」云云，應是指丙子三月兵火無疑。又有詩《舊里火後多有築宅者……》，首二句云：「人説離鄉賤，歸鄉更莫論。」是説表元舊居毁於兵火，難以馬上「歸舊居」。

〔二〕《剡源集》卷二十三《佩韋辯》跋自謂「己卯歲前未居剡源。」

〔三〕元王逢《梧溪集》卷五《題陳子章先世所居剡源九曲圖後序》，王厚孫、徐亮《至正四明續志》卷十一，述剡源九曲亦頗詳。

〔四〕《剡源集》卷十四《贈談星者謝生序》：「余十八九時遊杭。」《送曹士弘序》：「歲壬戌，余初遊武林。」壬戌，宋景定三年(1262)，表元十九歲。

〔五〕《剡源集》卷八《陳無逸詩序》：「戊戌歲，與無逸同客杭。」戊戌，大德二年(1298)。同書卷十五《安陽胡氏考妣墓誌銘》：「大德壬寅歲，余在錢塘授徒且五年。」大德壬寅，即大德六年(1302)，亦可證表元大德二年起在杭授徒，至大德六年，在錢塘授徒「且五年」。

王達善

戴表元《剡源集》卷二十八《碧桃花歌爲王丞作》題下自注云：「丞名子兼，字達善，丙子，家毁於火。……」戴表元詩文中屢稱達善爲「王丞」。按「丞」是官職簡稱，宋代可簡稱「丞」的官職甚多，高官如尚書左、右丞，皆可簡稱「丞」；其他如宗正寺丞、軍器監丞、太醫局丞，以至縣丞，皆可簡稱「丞」。達善之「丞」，應是縣丞。《剡源集》卷二十一《碧桃花賦》稱達善爲「王贊公」，「贊公」是縣丞的别稱。宋洪邁《容齋四筆·官稱别名》云：「唐人好以它名標榜官稱……下至縣令曰明府，丞曰贊府、贊公。」表元既稱之「贊公」，則達善於宋末爲縣丞無疑。而其縣應是奉化縣。舒岳祥《閬風集》卷十二《跋王達善燒痕稿》：「予作尉奉川日，王達善出所作相示，目曰《不切小編》。是後奔走東西，不知是編何在。丙子亂後還山，偶整舊篋，是編在焉，欣然如見其面。然未知達善寓吾里之馬坡也。適然相遇於坡中，數相別之日，蓋十有八年矣。……」據「丙子亂後還山」云云，可知岳祥與達善在馬坡相見的時間，約在丙子、丁丑（1276—1277）間。由此上推十八年，則岳祥與達善之相別，蓋在開慶、景定元年（1259—1260）間，景定元年，岳祥因攝定海令，將離開奉化，這也與《跋王達善燒痕稿》所説「是後奔走東西」相符合。如是，則岳祥與王達善訂交即在作尉奉化時，當時達善爲縣丞。《剡源集》卷十四《送鄭南仲赴昌化主簿序》曰：「合一縣之官，自其長第而下之，曰宰、曰丞、曰主簿、曰尉、曰巡徼。」達善位次略高於岳祥，年齡則相當，或稍長於岳祥。（《閬風集》卷五《衷至和王達善》有「居長常先導」句可見。）故岳祥寫給達善的詩文均稱之爲「王達善」或「達善」，而戴表元則尊爲「父黨」，即父輩、長輩，或稱之曰「丞」。

關於王達善的家世，戴表元《王丞分惠碧桃樹再賦奉謝》（《剡源集》卷二十八）有云：「君家原有孝義種，來自青州丞相家。」岳祥《閬風集》卷四有詩《送王奕世歸玉塘》，王奕世是王達善之子，詩云：「故人今有子，過我乞銘文。……詩箋傳父業，隸筆張吾軍。萬里青州路，沂公幾代墳。」兩詩皆索源達善家世自「青州丞相」、「青州沂公」，係指王曾。王曾（978—1038）字孝先，青州益都人，在北宋仁宗朝官至左僕射，封沂國公，謚文正，《宋史》有傳，宋祁《宋景文集》卷四十六有《故丞相文正公碑陰記》。王曾立朝方嚴持重，資質端厚，爲宋之賢相。王達善是王曾後裔，南渡後寄居鄞城之玉塘。又，達善家富藏書，戴表元《碧桃花歌爲王丞作》有「如今王家萬卷文字林」句，可惜在「丙子兵禍」中，萬卷藏書包括達善的詩文著作，皆付諸兵火。

舒兵祥與王達善的友誼是真誠而深厚的。雖然交往之間有十八年空白，一旦「適然相遇」，則倍感欣然。於是，「數相別之日，蓋十有八年矣！」——僅此一句，已見兩人情感之深篤。岳祥在《跋王達善燒痕稿》中，稱贊達善的詩文「出語散朗綿麗，簡短而舂容」；稱贊達善「博學浸灌，精思沉鬱」；鼓勵達善再努力於詩文創作：「所作未艾，時雨至矣，燒痕復青，非所病也。」後來，岳祥有詩《臘月二十五日偶憶孟浩然「白髮催人老，青陽逼歲除」之句，因次和此篇奉寄達善》（見欒貴明輯《四庫輯本別集拾遺》），與達善相勉勵：「百年餘二老，莫遺寸陰虛。」「二老」者，岳祥與達善也；「莫遺」云云，是説雖在戰亂之中，但不能虛耗光陰，而要抓緊時間，寫出「修名千載垂」（《衰至和王達善》）的詩文；他在《次達善送趙君理韵……》（《閬風集》卷一）也説：「老驥不忘騁，老耕不忘畬；老將不忘戰，老釣不忘魚〔一〕。筆硯易干澀，時時要呴濡。」此皆「所作未艾，時雨至矣，燒痕復青」之意。岳祥得到《燒痕稿》，即連夜讀之，有詩《夜讀達善燒痕漫抄次來韵奉謝》（《閬風集》卷七）：

桓桓松柏歲寒知，白髮相逢也自奇。猶記小編〔二〕曾共勘，絶憐後槁未全窺。斯文定價何必我，自古趨名存者誰。惟有立言差不朽，夫君此計未應癡。

稍後，達善又以「碧桃樹」相贈，岳祥即植於篆畦，有詩《去春達善分碧桃移植篆畦，今春已作蕊，達善前有見過之約，偶立花下口占寄之》（《閬風集》卷九），爲七絶二首，約達善赴篆畦憑欄共賞碧桃花。在現存岳祥著作中，爲達善所作之文，除《跋王達善燒痕稿》外，還有《跋王達善梅略附辯後》（《閬風集》卷十二）；所作之詩，凡二十餘首，皆「丙子兵禍」之後作。從其詩中可以看到兩人往來頻繁而親密，如岳祥《送達善歸玉塘》（《閬風集》卷一）所云：「我輩惜榆景，來往莫相疏。」《次達善送趙君理韵……》又云：「君健勝我健，我臞甚君臞。人事有離合，尺牘莫相疏。」戴表元《題蕭子西詩卷後》（《剡源集》卷十八）曾這樣摹寫達善與岳祥諸人以詩相往還的情狀：「平生與丞公倡酬之日，惟避地天台時爲多。又方其時，同遊佳朋友皆無恙，舒舜侯在馬奧，劉正仲在鴈蒼，胡元魯在峽石，每兵休事定，輒一會合，必有詩。郵急於百返，危韵或乃共和，爭奇斗博，下至傳稿生徒，執硯童孺，欬唾相熏，亦有法度。」這裏不妨再看一下岳祥的詩《次韵答達善》（《閬風集》卷六）：

> 道不能鳴假物鳴，數篇詩見故人情。重經喪亂成南北，多謝交遊訪死生。我始欲愁將老至，公須少忍待時平。古來毀棄連城璧，不恨沉埋百世英！

此詩表現了岳祥與達善深切的「故人」之情，末二句是爲達善這樣的英才被沉埋而鳴不平，此詩即爲王達善嗚不平而作。及至達善卒，岳祥有《哭王達善》詩（《閬風集》卷四），表達了他的痛惜之情：

一叟經年瘧，蕭然强飯蔬。殘花清供後，瘦竹苦吟餘。女授伏生業，兒工阿買書。曾無一紙別，疑信問何如！

據舒岳祥《跋王達善梅略附辯後》知達善似應有學術著作《梅略附辯》。岳祥之跋，主要是與達善討論《詩經》「摽有梅」之梅與「有條有梅」之梅名實的異同，由此似可測度《梅略附辯》研究的對象也應當是《詩經》中的梅。但《詩經》中的「梅」字，連詩題在内，共有八個，似乎又難以寫成學術著作，或是單篇文章，抑或廣泛論梅而不限於《詩經》？因其著作不存，今難以置論。但可説明的是，王達善確實對《詩經》有深入研究，證據是岳祥有詩《和正仲送達善歸錢塘韵》（《閬風集》卷六）句云：「家如元亮貧更好，學抵申公老未衰。」上句是説達善家貧，以陶淵明（元亮）作比，下句是以申公比擬達善的學識。申公，西漢魯人，少與楚元王劉交俱師事浮丘伯，學習《詩經》，文帝時爲博士，始爲傳《詩》，號《魯詩》。既然説達善「學抵（相當）申公」，且至老不衰，可見達善是治《詩》的，而且達善之子奕世也能「《詩》箋傳父業」（岳祥詩《送王奕世歸玉塘》），據此似可測度《梅略附辯》專論《詩經》之「梅」亦有可能。達善丙子之前所作詩文，幸賴岳祥爲之保存下了《不切小編》，而達善所有者，皆毁於丙子兵火，存者僅《燒痕稿》數紙〔三〕。在「丙子之難」的歲月里，達善在避兵逃難的環境下，又有詩文作品，編爲《避地編》，收古、律詩雜著凡七十五篇〔四〕。岳祥對達善的詩很是欣賞，評價頗高。《和正仲送達善歸錢塘韵》稱其詩「好詩甚似無聲畫」，《自和前韵答達善》（《閬風集》卷六）又說「一字不輕王達善」。不幸的是，王達善的所有著作，毁於兵火者且不論，即使火後之作，亦復無一存者，且不見於公私書目，僅於《閬風集》、《剡源集》中略見其痕迹，真真良可痛惜！

注釋

〔一〕《四庫全書》本《閬風集》和《全宋詩》無「老將」、「老釣」兩句，此據《嘉業堂叢書》本《閬風集》。

〔二〕「小編」，《四庫全書》本《閬風集》和《全宋詩》均作「小儒」。此句是說舒岳祥與王達善曾「共勘」《不切小編》（見《閬風集》卷十二《跋王達善燒痕稿》）。《嘉業堂叢書》本《閬風集》作「小編」，是，從之。

〔三〕舒岳祥《跋王達善燒痕稿》：「予作尉奉川日，王達善出所作相示，目曰《不切小編》。」及至十八年後再見，岳祥詢其續作：「計其續編，當倍蓰於前也。問之，則愀然曰：『皆毁於五月之兵火矣！』出其殘稿數紙，題曰《燒痕》者示予，自以追憶不全爲恨。」戴表元《剡源集》卷十一《王丞公避地編序》：「公平生他所論著，悉毁於火。」

〔四〕見戴表元《王丞公避地編序》。

附録三　詩文補遺

詩

贈竺推府養素母徐安人守志

席暖君牀夢已疏，瑶臺鸞别鼓琴初。
柏舟誓死心無二，蓬鬢偷生乳有孤。
衾冷香沉凋翡翠，枕啼紅淚浥珊瑚。
舅姑終養兒登第，泉下無慚重見夫。

贈友松翁還金陵

金陵客子題辭日，況是吾兒别去時。
自喜老懷深有托，何妨遠道得同馳。
椿庭正切三秋望，棣萼應懸兩地思。

邂逅親朋如見問，超升曲荷聖恩私。

旅食京華每憶君，君來又憶故山雲。
相逢喜對金陵酒，送別愁經白下門。
秋雨冥鴻聲嚦嚦，晚風凉葉思紛紛。
片帆高掛滄洲穩，孝子家聲讓獨聞。

上二題三首應可軍、舒家悦等輯自大里溪濱《竺氏宗譜》。

次前韵和劉正仲借書

莫笑衰翁頭已童，惜花心情未全翁。
紫錦睡重數篩雨，雪絮高飛一扇風。
欲向俗情回眼白，且須泥飲借顔紅。
讀書何似捐書好，言語當來總色空。

再次和正仲

春笋竹林行稚子，深蒲陂蕩没□翁。
消磨人生一場夢，斷送春光幾信風。
鸜鴒新巢迷暗緑，杜鵑故國吊殘紅。
錦囊抖擻無多料，似與簞瓢共屬空。

老窮吟

眼暗莫嫌書字大，耳聾休怪問人高。
忍饑又向墻東曝，誰言曾爲一世豪。

賤生之日邀正仲子堂小酌觀萬堂

浪飲狂歌幾百回，如今性氣總低摧。
不憂白髮三千丈，且喜丹心一寸灰。
春到池塘生夢草，夜來風雪動詩梅。
試呈容日劉胡我，何處風流有此哉！

書懷呈少白正仲

賓主相俱耐，冰霜已志違。小編成歲計，熱酒是寒衣。身至老無策，心知今亦非。淒涼那可説，歲晚古人稀。

題鴈蒼山

此山吾舊遊，石洞鎖嶙峋。竹有四時笋，松生千歲鱗。鼠偷猿藏栗，僧拾鵲巢薪。吾友前峰住，重來不厭頻。

以上六首應可軍、舒家悦等輯自溪頭村《劉氏宗譜》。

尚義宗譜序

譜何爲而作乎？所以尊祖也，所以合族也。尊祖合族，必有宗子。祖也者，本也；族也者，枝也；

宗子也者，幹也。古者，天子之元子爲天子，其庶子爲諸侯。諸侯不敢祖天子。其元子爲諸侯，其羣公子爲大夫。大夫不敢祖宗諸侯。生則庶昆弟宗其適（通嫡）者，無適則宗其庶。長死，則各自爲大宗之祖，是爲別子，其庶適繼之，爲大宗。其庶子不得宗。別子死，則自爲小宗之禰，其適子繼之，爲繼禰之宗子焉，爲禰終焉，爲高祖而止，凡四小宗，其旁例皆然。故曰：別子爲祖，繼別爲宗，繼禰爲小宗，大宗則百世不遷。凡別子之子孫，皆宗之小宗，則五世而遷。繼禰之宗，則不敢祭其祖。繼祖之宗，則亦不敢祭其曾祖。繼曾祖之宗，亦不敢祭其高祖也。及其高祖者，至其子，則□□□□有變例。鄭氏謂：公子有始來在此國者，後世以爲祖。□□□□□姓能特起。於是邦者亦謂之別子，宗子爲士，支子爲大夫，則以大夫之祭祭於宗子之家。宗以尊祖，非爲是人也，宗有君道焉。自天子、諸侯至於大夫、士，莫不有宗，皆所以尊祖也，皆所以合族也。封建壞而宗道廢，祖遠而日忘，族遠而日薄，兄弟淪爲行路，宗族胥（通疏）爲寇仇，而人倫喪矣，哀哉！故余爲舒氏譜而及古宗法，非止爲舒氏譜也。淳祐几年五月朔日奎祥序。

此文應可軍、舒家悦等輯自《尚義舒氏宗譜》。

七星塘記

七星者何？吾邑梅林應氏之所鑿也。應氏始祖，其晉時有諱詹者以武功封觀陽侯。其子玄爲散常侍，居婺州永康。率世孫諱隱階，唐昭宗大順庚戌授杭州軍事衙推，始由婺州遷居寧海，令其士大夫議所處之地，咸曰：「先生慕幽趣，縣過三十里名梅林，嘖嘖然嘉處也。」公遂因以居焉。

吾登高觀梅林勝概，綿亘十餘里，東南皆海，西北皆山，明智發隴，迤邐花園，直趨此地。九頃洋洋焉，赤山巍巍焉，有梅有竹，蔚然深秀，可耕可讀。一日，公十一世孫昆季咸居翰苑者叔謙、叔讓，語予曰：地美而高阜，沃土嫌於無泉，能汲而注之不亦可乎？且坐山巖赤，當開塘七處以應之。爰始爰謀，謀及族人，貧者以力，富者以財，勞者勞之，怠者勵之，而給以工食，推練達者督其役。肇工大德戊戌之十有二月，不逾月而收厥功，號七星塘也。儲水以防火，遇旱以救災，其利不亦溥乎！

因事竣而屬予以爲文。予思之：文王之囿方七十里，民猶以爲小；齊王之囿方四十里，民猶以爲大。釋者曰：文王之囿方七十里，芻蕘者往焉，雉兔者往焉，故民以爲小；齊王之囿方四十里，殺麋鹿者罪以殺人，故民以爲大。使茲塘也而自專利，則見而議之者，未必能以小文王囿者小茲塘也。予恐其擅利，故爲是説明廣之。

此記原在《梅林應氏宗譜》，應可軍、舒家悦等輯入其編印的《閬風先生舒岳祥》。按：記中「肇工大德戊戌之十有二月」云云，大德戊戌，即大德二年（1298），岳祥卒於是年六月，「十有」二字疑爲衍文。

杞山翁墓志銘

朝選，君諱也； 子良，君字也； 應氏，君姓也； 台寧海梅林，君郡邑里名也。鵬，其祖也；翰，其曾祖也； 去非，其父也。世習儒業，故君生而克紹其業。宋乾淳間有鄉先生號公瀹者，以辭賦名於當時，體格渾厚，開門授徒，從之者多成材，君其一也。又戚里有王公者，慕君之才，争敬禮之，得君之殘牘，不勝喜以藏去爲榮。君叨卿薦，上禮闈，一不利輒歸去，隱於杞山，故號爲杞山翁。瀟灑自如，不慕榮利，有陶處士風流。灑掃書室，與同母弟劉伯鼎爲詩酒之交，伯鼎亦於是年陛對不就，棄官同隱。析居相去不遠二里，互樂忘年，恬如也。公生於淳熙己酉五月十四日，卒於景定甲子十一月十三日。娶台城商氏，乃禮部侍郎飛卿之從孫女也，習於禮法，相夫教子皆有軌範。夫子遠適，家事咸理於内，酒醢脯饈，皆有節度。君歸，賓騑集，不問有無，設饌列肴，君亦不知其由來。生四子： 長文迪； 次文猶，爲吏部尚書； 三文同，出爲宗人後； 四文森，爲修職郎。一女慕道，尚未於歸。諸子以咸淳壬申，葬君於赤山之原，與夫人同隴而異穴。銘曰： 承平花木，可以娱樂，深谷林泉，於以遊息。出處以義，動静以德，生順死歸，令終有慶。

此文應可軍、舒家悦等輯自《梅林應氏宗譜》，署舒岳祥。

壽康精舍記

陶元亮《歸去來辭》，韓昌黎《送李愿歸盤谷序》，自是一對文字，人不得以優劣之也。近時士大夫之園池亭館，多摘取二文中語，以其閑適之趣也。或疑陶與李優劣何如，余謂元亮之修節高名，與夷齊争皎焉。曾謂其棄一彭澤令歸卧五柳之下，以顯其高乎？世之鄙夫俗子，自方元亮，多見其不知量也。若李愿其庶幾乎？第人品自有不同耳。夫以太行之陽，盤旋行迤，可宫可稼，可沿可濯，可茹可釣，愿既不以仕宦爲意，左右顧盼，何所不足，此愿之所有，元亮之所無也。愿之名不見他文，而退之以友人許之，方將膏車秣馬，以從之遊，且祝之以壽康；惟其有自奉之資，以遂其養高之樂，則非元亮之所得爲也。夫名節因時而著，愿不得爲元亮，元亮亦不得爲愿也。新昌董伯和，世居雪谿高山之中，逶迤曲折，閭居族聚至此而涵衍寬平，有盤谷之意，自號稼盤。未知與李愿之谷，其大小裕窄何如也。百物取定，周旋惟意，外慕不繫於胸中，賓旅時來於户外，爲愿真易耳。余觀其志，不止爲愿也。從師求友，誦詩讀書，慨然有志事功，陵谷變遷，歲月老矣。於稼盤之内鑿山爲壽藏，名曰盤所，是前日稼盤之相望也。於其所之左岡築亭焉，名曰升望。於其偃仰栖息之所，名曰壽康精舍。於其圃曰可茹，於其泉曰自潔，皆昌黎序中之物也。伯和自序其名盤之義，先之以書曰，予於愿之志所爲未得者，昌黎一字耳；得君爲我記之，則盤溪之盤，可以將太行之盤矣。余謂伯和與人交，有道士也。丙子己丑，兩至其地，知伯和之心宴如也。顧毛穎君已脱冠告老，不能如退之之敘愿也，姑效退之壽康之祝，爲作歌詩以美之，庶幾名與詩相爲無窮也。其詞曰：太行之谷兮，在北州之北，會稽之盤兮，在南州之南。惟伯和父，稼兹盤中，去其稊稗，屏其災咒，載耔載灌，實穎實豐。惟伯和父，偃仰藏息，彩衣錦帶，牙籖玉軸，優哉遊哉，錫爾戩穀。

此文應可軍、舒家悦等輯自《民國新昌縣志》，署舒岳祥。

參考書目

宋史　元脱脱等撰　中華書局一九八五年新1版

金史　元脱脱等撰　中華書局一九七五年版

元史　明宋濂等撰　四部備要本

宋史翼　清陸心源輯撰　中華書局一九九一年據光緒三十二年初刊朱印本影印

宋季三朝政要　撰人不詳　叢書集成初編本

宋史紀事本末　明陳邦瞻編　中華書局一九九七年版

宋史新編　明柯維騏撰　上海大光書局一九三六年鉛印本

南宋書　明錢士昇撰　齊魯書社二十五别史本

續資治通鑒　清畢沅編　四部備要本

新元史　柯劭忞撰　中國書店一九八八年影印本

宋大臣年表　清萬斯同編　二十五史補編本

宋季忠義録　清萬斯同撰　四明叢書本

南宋六陵遺事　清萬斯同輯　昭代叢書本
兩浙名賢録　明徐象梅撰　書目文獻出版社一九八七年據明天啓徐氏光碧堂刻本縮印本
昭忠録　撰人不詳　叢書集成初編本
寶祐四年登科録　叢書集成初編本
宋遺民録　明程敏政撰　知不足齋叢書本
南宋制撫年表　吴廷燮編　二十五史補編本
宋元學案　清黄宗羲原著、全祖望補修　陳金生、梁運華點校　中華書局一九八六年版
嘉定赤城志　宋陳耆卿撰　宋元方志叢刊本
景定建康志　影印文淵閣四庫全書本
延祐四明志　宋元方志叢刊本
琴川志　宋元方志叢刊本
康熙浙江通志　中國地方志集成本
周草窻年譜　夏承燾著　唐宋詞人年譜本　古典文學出版社一九五五年版
文天祥年譜　楊德恩著　中國史學叢書本　商務印書館一九四七年再版
戴剡源年譜　孫苐侯著　何炳松主編中國史學叢書本

深寧先生年譜　清錢大昕撰　四明文獻集本
王深寧先生年譜　清陳僅輯、張恕編　四明文獻集本
王深寧先生年譜　清張大昌輯　四明文獻集本
歷代名人年譜　清吴榮光撰　萬有文庫本
四庫全書總目　清永瑢等撰　中華書局一九六五年版
補元史藝文志　清錢大昕撰　二十五史補編本
宋史藝文志補　清倪燦、盧文弨撰　二十五史補編本
補遼金元藝文志　清倪燦、盧文弨撰　二十五史補編本
補三史藝文志　清金門詔撰　二十五史補編本
現存宋人别集版本目録　四川大學古籍整理研究所編　巴蜀書社一九八九年版
宋人别集叙録　祝尚書著　中華書局一九九九年版
宋人傳記資料索引　王德毅等編　中華書局一九八八年版
元人傳記資料索引　王德毅等編　中華書局一九八七年版
齊東野語　宋周密撰　中華書局一九八三年版
癸辛雜識　宋周密撰　中華書局一九八八年版

至正直記　元孔齊撰　上海古籍出版社一九八七年版
南村輟耕録　元陶宗儀撰　中華書局一九五九年版
十駕齋養新録　清錢大昕撰　商務印書館一九五七年重印第1版
陔餘叢考　清趙翼撰　商務印書館一九五七年版
宋代官制辭典　龔延明編著　中華書局一九九七年版
四庫輯本別集拾遺　欒貴明輯　中華書局一九八三年版
宋詩紀事　清厲鶚輯撰　中華書局一九八三年版
元詩紀事　陳衍輯撰　上海古籍出版社一九八七年版
全宋詩　傅璇琮等主編　北京大學出版社一九九一年版
全宋文　曾棗莊、劉琳主編　上海辭書出版社、安徽教育出版社二〇〇六年版
全元文　李修生主編　江蘇古籍出版社一九九九年版
葉適集　宋葉適撰　劉公純、王孝魚、李哲夫點校　中華書局一九六一年版
閬風集　宋舒岳祥撰　嘉業堂叢書本　又　影印文淵閣四庫全書本
四明文獻集(外二種)　宋王應麟撰　張驍飛點校　中華書局二〇一〇年版
林景熙詩集校注　宋林景熙撰　陳增傑校注　浙江古籍出版社一九九五年版

剡源集　元戴表元撰　叢書集成初編本
剡源逸稿　元戴表元撰　續修四庫全書本
剡源佚文佚詩　元戴表元撰　清光緒二十一年刻本
清容居士集　元袁桷撰　叢書集成初編本
松雪齋集　元趙孟頫撰　四部叢刊本
鮚埼亭集、外編　清全祖望撰　四部叢刊本
鮚埼亭文集選注　清全祖望原著　黄雲眉選注　齊魯書社一九八二年版

後記

關於舒岳祥乃至南宋遺民，我要説的話，已大致表達在《舒岳祥年譜》中。這裏須補充述説的是舒岳祥關於陶淵明《歸去來》的解説，——他揭示了陶淵明歸隱的内因。其《劉正仲和陶集序》有云：「淵明自言性剛才拙，與物多忤。然其詩文無一語及時事，縱横放肆而芒角不露，故能名節凛然，而人莫測其涯涘。《歸去來》之作，人謂其耻爲五斗米折腰耳，不知是時裕之威望已隆，淵明知幾而去之，此燔肉不至之意也。」這是深具政治意義的解説。「裕」即劉裕，劉宋武帝。《歸去來》作於乙巳歲（四〇五）十一月，即晉安帝義熙元年，亦即淵明辭彭澤令之時。其時劉裕已殺桓玄，並清理其餘黨，以鎮軍將軍加侍中、車騎將軍、都督中外諸軍事，挾有鎮主之威。陶淵明曾仕桓玄，在當時情勢下，「知幾而去之」，須儘快從政治門争的漩渦中掙脱出來，故任彭澤令僅八十餘日，便借束帶見督郵及程氏妹卒事脱然而出，棄官歸里。這是陶淵明爲逃脱政治渾水而采取的最明智之選擇。其《歸去來》當是其逃出樊籠之後的自我檢討書，也是其訣别政壇而歸於自然的宣言書。淵明的《歸去來》以「不能爲五斗米折腰向鄉里小人」，遮住了諸多評論家的眼睛，而舒岳祥則從政治門争的角度獨揭其真諦，應是石破天驚之論，而爲後世研究者指出了一條可以直取其真髓的路徑，而後世的研究也恰恰證實了舒岳祥論斷的正確性。從這裏，我們可以略見舒岳祥敏鋭的政治眼光。

舒岳祥處身於宋元之交的特定時代裏，所形成的思想、感情，在南宋遺民知識分子羣體中，有一定的代表性、典型性，爲之做個年譜，進行比較深入的研究，同時也爲這個羣體增添一些參考資料，還是必要的。做這個年譜所依據的基本材料，是舒岳祥的《閬風集》和劉莊孫的《舒閬風先生行狀》。舒岳祥和劉莊孫以及其他與之交遊較多的遺民的著作，本來是比較豐富的，可惜絶大部分在宋元之交的戰火中失傳了。不然，這個年譜一定不會如此單薄。當然，這與我的孤陋寡聞關係更大。

上海古籍出版社不嫌此年譜書小，而予安排出版，對此，我很感謝；我尤其要感謝的是一編室奚彤雲主任、責任編輯常德榮博士以及資深編審李祚唐先生，他們在審稿中隨時與我商討並提出修訂建議，這樣小的一本書，能遇到這幾位認真負責的熱心朋友，也真是幸運之至！

本年譜的附録三「詩文補遺」，采用了應可軍、舒家悦等先生輯録的舒岳祥佚詩九首，佚文四篇，能得到他們的慨允，使舒岳祥的佚詩佚文得以更廣泛流傳，使本年譜增添了新内容；舒氏後人舒昌祥先生多次與我書信聯繫，提供有關方面研究的信息。對此，我謹向三位先生致以誠摯的謝意！本校圖書館特别是雲龍校區分館程彩萍館長，幫助我查書、借書，不辭勞苦，特此致謝！

本年譜有錯誤和不完善之處，懇請專家、讀者給予指教！

邱鳴皋

二〇一二年三月於徐州師大